Matthias Horx

Die wilden
Achtziger

Eine Zeitgeist-Reise
durch die Bundesrepublik

Carl Hanser Verlag

ISBN 3-446-14971-6
Alle Rechte vorbehalten
© 1987 Carl Hanser Verlag München Wien
Umschlag: Klaus Detjen, Hamburg
unter Verwendung des Bildes
Beziehungshyänen (Ausschnitt)
von Bruce Meek
Satz: LibroSatz, Kriftel
Druck und Bindung: Spiegel, Ulm
Printed in Germany

Matthias Horx ist monatelang durch die Republik gereist, von Sylt bis zum Königssee, durch Erst-, Zweit- und Subkulturen, von den Neureichen in Kampen über die Altlinken in Bremen bis zu den Neon-Aristokraten und Jungmanagern in Frankfurt und München. Es wurde eine Fahrt durch die achtziger Jahre, durch dieses unvermittelte Nebeneinander von Lebensentwürfen und -zusammenhängen, Gefühlen, Szenen und Moden, eine Zeitgeist-Reise, von der Horx in Reportage und Glosse, Bericht und Essay, mit beständiger Neugier und in angemessener Unausgewogenheit erzählt. So ist ein provozierendes, unterhaltsames und auf viele Füße tretendes Buch entstanden, das die Republik und ihre »Sinnkrise« jenseits der rechten und linken Utopien beschreibt und, mit dem Chaos der Kulturen sympathisierend, nach dem aus allen Klischees gefallenen »normalen« Leben fragt. Doch »nichts und niemand ist mehr normal. Herr Schulze, der nette Versicherungsvertreter von nebenan, ist bei näherer Betrachtung ein irrer Freak, während der Freak von oben der wahre Spießbürger ist. Die Punks sitzen mit Bierflasche vorm Fernseher, und der Anlageberater zieht sich einen dezenten Ring durchs Ohr, die jungen Kabrio-Fahrer kommen im Kenzo-Jackett zur Musterung und bitten ihre Väter, die Jimi Hendrix-CD leiser zu stellen. Mit diesen allgegenwärtigen Vertauschungen, mit dem doppelten Boden der Zivilisation leben zu lernen – das wäre ein erster Schritt, jetzt, zwanzig Jahre nach '68.«

Matthias Horx, 1955 in Düsseldorf geboren, lebt in Hamburg. Bis 1980 Mitarbeiter beim Frankfurter »Pflasterstrand«, danach Redakteur bei »Tempo«. Autor von zwei Science-fiction-Romanen: »Es geht voran« (1980) und »Glückliche Reise« (1982), sowie zwei Computer-Büchern (1984/1985). Im Hanser Verlag erschien 1985 *Das Ende der Alternativen oder Die verlorene Unschuld der Radikalität.*

Für Kalle. Und Gabriele
Mit Dank an Haug
Und Dank an Markus

Inhalt

Prolog:
Von einem, der auszog, das Gute nicht zu verlernen.
Brief an einen ausgestiegenen Freund

Lieber Karl, ich sehe Dich genau vor mir, wie Du Dich, stoppelbärtig und braungebrannt wie immer, auf die Hacke stützt, den Lederbeutel mit den gepflückten Oliven zurechtrückst und mich dann mit diesem strengen, intensiven Blick anschaust, den ich immer noch fürchte. Und sagst:

So. Ein Buch über die achtziger Jahre. Aha.

Du wirst es *fein* sagen, gerade mit der richtigen Dosis an Verachtung. Und ich weiß genau, was Du denkst: *Die Zeiten, als man Bücher über Epochen schreiben konnte, sind vorbei. Wer bist Du denn? Balzac? Und außerdem: Was gäbe es über dieses verkommene Jahrzehnt und dieses tote, vergiftete, zubetonierte Land Deutschland schon zu sagen? Seit fünf, nein fünfzehn Jahren Abgesang, Würdelosigkeit, gesellschaftlicher Rückschritt – Wende eben.* Und laut wirst Du sagen: – Zeitgeist? Oh jeh!

Wenn Du *Zeitgeist* sagst, dann entfaltet sich vor meinen Augen ein Bild aus Breughels Höllenvisionen. Die Welt wimmelt von gelackten, stromlinienförmigen, dummen Neon-Plast-Video-Kids, die an endlosen Theken grauenhaft bunte Cocktails in sich hineinschlürfen. Die bundesrepublikanische Gesellschaft ist eine permanente Show zur Verkündigung narzistischen Gebrabbels und besteht aus Comebacks, Fakes und – natürlich – Geld. Über allem thront Kanzler Kohl oder eine Marionette der Konsumindustrie und hampelt mit den Armen: *Gesegnet sei die Attitüde! Kleidet Euch! Trinkt Cocktails! Produziert jeden Schwachsinn!* Die Welt – die Gesellschaft – ist eine Simulation, oder besser: die Simulation einer Simulation, ein ständig laufender Generator zur Erzeugung von Plattitüden, Dummheiten und hohlen Sprüchen. Apokalypse Whow! Die Welt ist nicht durch den großen Knall, sondern durch allgemeine generelle und totale *Vermodung* untergegangen.

Lieber, gestrenger Karl! Soll ich Dir widersprechen? Den »Zeitgeist« verteidigen gegen Deinen wunderbaren, warmen Moralis-

9

mus, den man spüren kann, wenn man den letzten Hügel vor Eurer Hütte hinauffährt oder Dich bei den Schafen beobachtet, oder im Garten? Die Oberflächlichkeit gegen die Nachdenklichkeit in Schutz nehmen? Die Videoclip-Ästhetik gegen die Kunst verteidigen, den grassierenden Neon-Narzißmus gegen Deinen Humanismus ins Feld führen? Soll ich die Glitzerbar als postmodernen Ort der Geheimnisse preisen, gegen den Dein Schafstall, Dein Komposthaufen, Dein Windrad nichts ist als ein profanes Idyll?

Vielleicht erwartest Du das von mir, damit wir unseren Diskurs fortsetzen können, der nicht zufällig so alt ist wie dieses Jahrzehnt, und der im Grunde nur immer wieder um zwei Schlüsselbegriffe kreist: Unmittelbarkeit und Entfremdung. Man kann es auch symbolisch auf den Antagonismus zweier Materialien bringen: Holz und Neon.

Aber lassen wir das – dafür ist noch genug Zeit an Deinem Küchentisch, diesem Jahrhundertstück, das schon so viele vergebliche Worte und wirre Ideen gehört hat. Ich möchte Dir lieber eine Geschichte erzählen. Eine Szene aus der Wirklichkeit, die mich auf die Idee zu diesem Buch brachte. Eine Schlüsselszene, die mir endgültig klarmachte, daß ich in einer *anderen Zeit* lebe – in den achtziger Jahren.

Es muß bald drei Jahre her sein, ich saß auf dem künstlichen Marktplatz einer norddeutschen Großstadt, genauer: einem Stadtteil-Marktplatz. Ein fast perfektes Ensemble sozialdemokratischen Städtebaus. Die eine Seite wurde von einem wuchtigen Betonmonster, dem »Bürgerhaus«, gebildet, dann kam eine Wüste aus Tonplatten, die verziert war mit einem Wald von gußeisernen Kandelabern und Beton-Pflanzenkübeln. Die andere Seite begrenzten künstliche Fachwerkfassaden; in den putzigen Häuschen waren Kneipen untergebracht, die alle so taten, als seien sie aus dem urigsten Berlin oder direkt aus dem Hafenviertel importiert. Ich saß draußen vor einem italienischen Eiscafé mit Namen ›Expresso‹, es war ein wunderbarer Frühlingstag, um mich herum saßen linke Lehrer und rothaarige Grünwählerinnen mit entzückenden und nervenden Kleinkindern, am nahen Brunnen hockten Punks mit bunten Haaren, und ein Pakistani machte mit seinen Rosen zum dritten Mal die Runde.

Plötzlich wurde es laut: Aus einer Seitenstraße schoß ein offener schneeweißer Mercedes SE, obwohl es sich um eine Fußgängerzone handelte und in der gesamten Innenstadt die Geschwindigkeit auf dreißig Stundenkilometer begrenzt war. Der Wagen hielt direkt vor meiner Nase, und aus den Boxen, die die ganze Rückbankbreite einnahmen, wummerte *Modern Talking*, daß die Fachwerkfassaden erzitterten. Ich sah drei Meter vor mir ein Gesicht. Besser: ein *face*. Es bestand zu sechzig Prozent aus einer spiegelnden Sonnenbrille, dazu kamen ondulierte blonde Hippie-Locken und eine nußbraune Hautfarbe. Das *face* kaute wie ein Pferd auf einem Kaugummi herum. Neben ihm saß ein ähnliches *face*, Marke Prince-Verschnitt.

Was hättest Du angesichts dieses peinlichen Milchbubi-Auftritts wohl gedacht? Sicher dasselbe wie ich: daß jetzt sogleich ein wohltuendendes Lachen aufkommen würde, ein Gelächter, das diese beiden Monster-Mutationen samt chromblinkendem Gefährt vom Platz fegen würde, heim zum Ärzte- oder Aufsichtsrats-Papi.

Aber es kam anders, denn da waren diese Mädchen, oder, wie das *face* wohl gesagt hätte: *chicks*. Zuerst gab es nur eine kleine Unruhe in dem Café, ein Aufstehen und Gehen. Und dann kamen sie. In kleinen Gruppen, zu zweit oder zu dritt, wie zufällig schlenderten sie über den Platz, man hörte ihr Kichern durch das Lärmen der Stereoanlage. Plötzlich waren es zehn, vielleicht zwanzig, alle im Madonna-Look, puppenmäßig, zwischen vierzehn und achtzehn Jahre alt, mit Lederjäckchen vom Designer. Der Prince-Verschnitt ließ den Korken einer Zwei-Liter-Champagnerflasche in die Luft knallen, die Flasche kreiste, die Mädchen gickelten und warfen den beiden Typen im Benz ein paar Worte zu. Dann kletterten zwei von ihnen plötzlich auf die Rückbank, eine Blonde und eine Schwarzhaarige. Der Prince-Verschnitt nickte und trat aufs Gas, die Reifen quietschten, der Auspuffqualm zog langsam über mich, die linken Lehrer und deren Kleinkinder hinweg. Übrig bleiben die Mädchen, die in Ruhe und immer noch kichernd den Champagner austranken. Übrig blieb auch – das Bild werde ich nie vergessen – der Pakistani, mit offenem Mund und einem Strauß unverkäuflicher Rosen.

Hörst Du noch zu, Karl? Oder bist Du längst im Kräutergarten, wo gegen jede Krankheit etwas gewachsen ist? Oder tischlerst in der Tischlerwerkstatt das, was Du den »ultimaten Stuhl« nennst (auf dem ich nicht sitzen kann)? Warum ich Dich mit solchen Klischees belästige? Nein, die Szene war nicht nur skurril. Etwas am Verhalten dieser Schnösel und albernen Madonna-Imitationen war mir zutiefst vertraut. Was – so fragte ich mich, als ich später an die Szene zurückdachte – hätte man an diesem befriedeten Ort anderes tun können, um *Lärm zu schlagen*? Um die Anwesenden, die linken Lehrer und netten Bürger, die Freizeit-Punks und strickenden Mütter zu ärgern? Eine *schräge* Rede halten? Alle hätten geklatscht. Faschistische Parolen rufen? Man hätte sich nahtlos in das Potpourri der Minderheiten eingereiht, die im nahen Jugendzentrum koexistierten. Ich weiß, ich weiß, mit Aufstand, Revolte und Provokation hat das nichts zu tun. Aber je länger ich über diese Szene nachdachte, desto unklarer wurde mir alles, desto mehr zerflossen mir meine Begriffe. War die Tatsache, daß die beiden Schnösel so offen auftraten, das Skandalöse? Wenn ja, hätte man zugleich und indirekt dafür plädiert, solche Auftritte zu verbieten – aber das konnte es ja wohl nicht sein. War die Art und Weise, wie die Mädchen um die zwei Typen herumtanzten, ein Zeichen für das völlige Versagen der Emanzipation? Nein, die *chicks* wirkten auf eine geradezu brutale Weise selbstbewußt. Und gerade das irritierte mich. Worum ging es eigentlich? Um Champagner? Den trinken wir auch. Um schnelle Wagen? Die hätte ich auch gern, nur mit Katalysator. Um Krach? Um Show? Besser ein peinlicher Auftritt als der ewige sozialdemokratische Marktplatzfrieden. Sah ich Zeitgeist-Gespenster, wo ganz normale Jugendliche ganz normal ihre narzißtischen Shows abzogen? Mit anderen Worten: War nicht ICH der Zeitgeist-Produzent?

Nein, ich widerspreche Dir auch nicht, wenn Du jetzt von der Substanz einer Moral redest, von Wünschen und Träumen, die falsch oder richtig sein können, authentisch oder krankmachend. Daß die Schnösel ebenso wie die kichernden Mädchen arme, bemitleidenswerte Wesen waren, die von neurotischen Upperclasseltern emotional vernachlässigt und mit Konsumgütern vollgestopft wurden, daß sie ›fehlgeleitetes Sozialverhalten‹ aufweisen – wer wollte das bestreiten? Aber geht es wirklich darum?

Anscheinend. Anscheinend ist der »Zeitgeist« für *zwei* Kulturen eine Gefahr, die zum Untergang des Abendlandes oder der Gefährdung der geistigen Errungenschaften führen kann: für das alte, klassische Bildungsbürgertum und für unsere Generation.

Unsere Generation, höre ich Dich sagen – die gibt es längst nicht mehr, die ist längst Chimäre, Illusion. Haben wir uns nicht zerspalten in tausend Himmelsrichtungen? Ist nicht Mike ein Baghwan-

Jünger geworden und Karin eine verheiratete Mutter, hat sich nicht Georg zu Tode getrunken und Helga ein Modestudio aufgemacht, weshalb sie jetzt FDP wählt? Sind nicht die meisten von uns wortbrüchig geworden an ihrer Geschichte, haben sich angepaßt, sich korrumpieren lassen von den Annehmlichkeiten des Systems, haben sich hineinziehen lassen in ein Leben mit Autostereoanlagen, Spesenessen und Dresdner-Bank-Obligationen? – Halt. So leicht kommst Du mir nicht davon. Nicht nur, weil Du mir vor zehn Jahren, als Du noch in Deiner Werbeagentur gearbeitet hast, ganz andere Dinge erzähltest, und weil ich weiß, wie schnell sich das alles ändern kann. Daß man heute auf Naturholz und morgen schon wieder auf Neon stehen kann – so schnell, wie Du Deine K-Gruppen gewechselt hast und dann von der KPD zum Kreativ-Team übergelaufen bist. Die Tatsache, daß Du heute in den toskanischen Hügeln hartnäckiger als andere die Harmonie mit der Natur suchst, ich hingegen in der Großstadt ein Angestelltenleben friste, der Unterschied, daß in Deiner Brieftasche aus andalusischem Rindsleder derzeit wenig Lire, in meiner aus Vinyl inzwischen aber einige Kreditkarten stecken, erlaubt Dir dennoch nicht, Dich von allem zu distanzieren. Du selber solltest es Dir nicht erlauben.

Wie ist das also mit dem »Zeitgeist«? Wieso redet plötzlich ein Herr Zimmermann davon, wenn er auf Querulanten, Nichtstuer und Nörgler, auf linke Friedensfreunde und blockierende Ökologen schimpft? Was ist das für ein Begriff, der dermaßen dehnbar, beliebig und multifunktional einsetzbar ist? Ist Dir nicht aufgefallen, daß dieses Wort wie ein Fetisch funktioniert, wie ein Joker im ideologischen Krieg? Jeder führt es im Munde, jeder behauptet, daß es gar nicht existiert, um im nächsten Atemzug zu behaupten, es bedeute exakt dies und das, nämlich irgendeinen Zerfall, eine Schweinerei, eine Unsäglichkeit.

Nein, so schnell gebe ich dieses Un-Wort nicht auf. Es ist eine Art ideeller Negativ-Projektion, und vielleicht sagt es gerade deshalb etwas aus über den Zustand unserer Kultur und Zivilisation. Für Dich ist »Zeitgeist« etwas, das Dir hilft, die tote Zeit zu überwinden, wenn es mit dem Garten und den Schafen nicht klappt oder im Frühling die Regenwolken gar zu lang über den Bergen hängen. Dann denkst Du einfach an die schmutzigen Städte, die Neonkids und Karrieristen, die Hohlheiten der Discos und Bars, die Äußerlichkeiten, die Abgründe der Geldgier und der Dummheit. Für

Herrn Zimmermann dagegen bedeutet Zeitgeist eine Mischung aus Russen und langhaarigen Kindern, die ihm helfen, etwas zu definieren wie den »Staat, den es zu verteidigen gilt«. Für den Werbemann ist es vielleicht ein wunderbares Wort, um seinem Kunden einen größeren Etat aus den Rippen zu schneiden usw. So hat jeder etwas von dem Begriff. Wie praktisch.

Lieber Karl, ich möchte auch Deiner Skepsis widersprechen, was den Topos *unsere Generation* betrifft. Ist es nicht so, daß uns beide am Ende viel mehr verbindet als – sagen wir – mich und ein echtes Neonkid oder Dich und die Bauern im Dorf? Daß es, jedenfalls in unseren Breiten, längst entscheidender ist, *wann* man geboren ist, als etwa in welcher Stadt und in welcher Schicht? Dieses Faktum gehört für mich zu den wirklich großen Veränderungen unserer – wie man früher so wunderbar altmodisch sagte – Epoche. Seit das Wirtschaftswunder sich mit allen Brüchen und Kosten etabliert hat, seit wir in dem leben, was man etwas wohlwollend vielleicht eine »strukturell sozialdemokratische Gesellschaft« nennen könnte, ist der Graben zwischen Stadt und Land, zwischen Klassen und Schichten tendenziell verschwunden. Er ist zwar noch da, aber er wirkt nicht mehr. War nicht Dein Vater Bankier und meiner Kleinbürger – etwas, was mit Sicherheit nicht proportional zu unseren derzeitigen Kontoständen ist? Hätte Dein Vater gedacht, daß Du Bauer würdest, und meiner, daß aus mir ein Journalist und Romanautor würde? Gott bewahre! Undenkbar!

Und ist die Tatsache, daß wir zufällig beide Jahrgang 1955 sind, nicht viel wichtiger als der Umstand, daß ich jetzt ab und zu an Sonn- und Feiertagen in den Neonbars verkehre und Du in der ›assecuranca di tivola‹ Mitglied bist, bei der freiwilligen Feuerwehr Deiner toskanischen Hügel? Ob einer in seiner Jugend die Mondlandung oder den Deutschen Herbst, die Beatles oder Tschernobyl erlebt hat – das verändert ihn mehr als alle Klassen- und Schichtenspezifika. Spürst Du das nicht, daß drei Jahre Jüngere oder fünf Jahre Ältere einfach *ganz anders* sind? Und daß heute in den Großstädten eine Generation schon nach drei Jahren wechselt? Hier nun bekommt der »Zeitgeist« etwas ganz Reales, Ernstzunehmendes, er wird zum prägenden, biographischen Moment.

Ich fürchte, Du kannst mich mit Deinen Zweifeln nicht aufhalten auf meiner Reise durch die Republik. Ich möchte ein ganzes Jahr unterwegs sein, von Sylt bis nach Berchtesgaden. Ich werde nicht auf den Händen gehen oder rückwärts laufen oder ein lebendiges Schwein dabeihaben und kein Geld, wie das heute üblich ist, wenn man eine Reise durch die Republik unternimmt, über die man ein Buch schreiben möchte. Ich werde mit meinem netten, weinroten, brummenden Diesel fahren, einem Wunderwerk deutscher Ingenieurkunst, das nur fünf Liter pro hundert Kilometer schluckt. Ich werde kreuz und quer fahren, wenn es angebracht ist, ich werde den Intercity nehmen und zur Not auch das Flugzeug, um zu versuchen, diese seltsame Republik zu begreifen. Ich werde den Zeitgeist nicht suchen, sondern eher sein Gegenteil: Die Normalität.

Das Polaroid, das Du von Dir und Ingrid geschickt hast, hat mir sehr gut gefallen. Ingrid sieht etwas blaß aus. Habt Ihr Eure Mördergrippe vom letzten Winter nicht richtig überstanden? Was ist mit den kranken Schafen? Die giftgrünen Dreiecks-Spiegel in Eurer Küche finde ich witzig; ein toller Kontrast zu den Pinienbalken – aber ist es für Dreiecke nicht etwas zu spät? Klar werde ich da sein, wenn Ihr Richtfest für die Heizung und den neuen Schafstall feiert. Dann werden wir ausgiebig reden, am alten Tisch. Gibt es ihn noch? Oder habt Ihr ihn letzten Winter verheizt?

Hamburg, im Frühjahr 1987

1.
Ganz oben oder Die verschwundene Normalität
Skizzen aus dem deutschen Alltag

»Wir wollen Alles«
Zeitschriftentitel 1973

»Alles geht«
Zeitschriftentitel 1987

Montag, Anreise

Er roch etwas streng. Nach zu langer Reise und nach einer Über-
dosis billigen Rasierwassers. Als er mich beim Tanken an der
Raststätte Seesen-Nord ansprach, dachte ich zunächst an einen
Zeugen Jehovas. Oder an einen fanatisierten Versicherungsvertreter. Daß er ein Tramper war, begriff ich zunächst gar nicht.

»Sie könnten mich vielleicht mitnehmen«, sagte er mir mit
einer dünnen, unsicheren, aber trotzdem irgendwie angenehmen
Stimme. Und stellte seinen Samsonite-Koffer mitten in eine Öllache
neben der Tanksäule.

Ich sah seinen Blick. Es war der intensive Blick von jemandem,
der ziemlich handgreifliche psychische Probleme hat. Er trug einen
ordentlichen hellbeigen, sanft angeknitterten Anzug. Ich dachte:
Nur das wieder nicht, nur keinen Quasselkopf im Auto. Bloß nicht
diese Nervensägen, die mit einem Bein in der Nervenklinik hängen.

»Orlowski«, sagte der Mann mit dem intensiven Blick und dem
Samsonite-Koffer. »Franz Orlowski. Ich möchte möglichst weit
nach Norden. Bis nach Flensburg, wenn es geht.« Er streckte mir
die Hand entgegen. Ich nahm sie verdattert.

Franz Orlowski – keine Ahnung, ob er wirklich so hieß – war
etwa so alt wie ich, hatte aber eine andere, fast entgegengesetzte
»Sozialisation« erfahren. Der Vater Hilfsarbeiter, Alkoholiker, er
das vierte Kind, die Mutter verhärmt, aber liebevoll. Die Bundeswehr war für ihn eine Befreiung, eine geordnete Welt nach dem
Chaos eines subproletarischen Elternhauses. Es machte ihm nichts
aus zu gehorchen. Dennoch bezeichnete er sich als »extremen In-
dividualisten«. Nach der Bundeswehr wurde er kaufmännischer
Angestellter bei einem Chemiekonzern. Er diente sich hoch. Er litt.

Er wollte sich nicht zufriedengeben mit dem langsamen Aufstieg. Er war einer von den Übereifrigen. Ständig machte er Eingaben, Vorschläge zur Verbesserung der Produktion. Er haßte seine Vorgesetzten, und er liebte sie gleichzeitig; er wollte sein wie sie. Und irgendwann kam er ihnen auf die Schliche.

Die Erkenntnis, daß er nicht in einer Fabrik arbeitete, die nützliche Dinge herstellte zum Wohle der Menschheit, mußte in ihm wohl über die Jahre gereift sein. Seine latente Homosexualität ließ ihn einsam werden – irgendwie klappte es nicht mit den Frauen, er lebte zurückgezogen in einer Zwei-Zimmer-Wohnung in einem nichtssagenden Fünfziger-Jahre-Bau am Rande von Frankfurt. Auch als er sich etwas Besseres hätte leisten können, dachte er nicht an Veränderung und Umzug. Er las die Bücher obskurer Biologisten, er las Bücher über die Nazizeit – und irgendwann wurde ihm klar, daß sein Chemiekonzern in Wirklichkeit ein riesiges, wohlorganisiertes KZ war, das chemische Höllengifte zur Vernichtung der Menschheit produzierte, und zwar in ungeheuerlichen Mengen.

»Wissen Sie«, sagt er, die Hände neben mir artig auf dem Schoß gefaltet, »man wird von der Wahrheit ja leicht umgehauen. Dabei ist sie immer so einfach – finden Sie nicht? Da haben jahrelang die Umweltschützer etwas gesagt, was man für übertrieben hielt, für Propaganda eben, und dann fällt es einem wie Schuppen von den Augen, daß man nur ein kleines Rädchen ist in dieser Tötungsmaschine.« Er sagte es, als würde er vom Schwager einer verstorbenen Nichte berichten.

Orlowski wird Anfang der achtziger Jahre, Friedens- und Umweltbewegung haben ihre große Konjunktur, ein hartnäckiger Einzelkämpfer gegen das allgegenwärtige KZ zur Vernichtung der Menschheit. Ein paarmal taucht er in Umweltschutzgruppen auf, wird aber nicht ernstgenommen, weil er anders aussieht und seinen kulturellen Gestus nicht an das grüne Milieu anpassen kann, sein Habitus ist und bleibt der eines braven, beschlipsten Angestellten. In der Firma versucht er, an »geheime Akten« heranzukommen. Man verdächtigt ihn bald, kann ihm aber nichts nachweisen. Immer noch ist er überfleißig, arbeitet bis in die Nacht. In seiner kargen Freizeit schreibt er ein Buch: »Das Alraunen-Allheilmittel«, eine krude und skurrile Abhandlung über die Superwirkung eines »Franz-Orlowski-Wurzelsaftes«, der »nachweislich« gegen Krebs und Impotenz hilft. Er versucht, das Werk Verlagen anzubieten, ohne Erfolg. Franz Orlowski vermutet, daß all diese Verlage von seinem KZ-Konzern gekauft sind. Und allmählich verdichtet sich das Komplott. Orlowski läßt seine Broschüre auf eigene Kosten drucken, aber die Buchhandlungen, bei denen er nun persönlich auftaucht, zeigen sich abweisend, was er wiederum auf ein Komplott zwischen der Deutschen Bank und den »Krebsärzten« zurückführt. Seine Unterlagen über die Produktion der Firma will keine Umweltgruppe auswerten, es sind unwichtige Details.

Ende 1985 wird Franz Orlowski entlassen, wegen »Differenzen in weltanschaulichen Fragen und Unregelmäßigkeiten«. Und seitdem gibt es diese Attentate auf sein Leib und Leben.

Erst neulich wieder, in der Straßenbahn. »Plötzlich roch es so, und ich dachte: Jetzt geht es wieder los. Dann kam ein Blitz, alles wurde hell, und dann war da das Gas. Es ist das schlimmste Gas, das sie haben, es ist geruch- und farblos, es ist in kleinen Polyesterkügelchen drin, die sie überall hochgehen lassen. Überall!!« Unsicher dreht er sich um.

Ich lasse ihn an der Ausfahrt zurück, wo die Bundesstraße nach Tönning abzweigt. Ich sehe ihn noch eine Weile im Rückspiegel, wie er da steht in seinem leicht geknitterten Anzug. Den Samsonite-Koffer mit seinen Unterlagen, die er »nach Dänemark retten will«, hält er fest in der Hand und erwartet von allen Seiten ein Gasattentat. Hat Franz Orlowski etwas zu ernst, zu wörtlich genommen? Habe ich die Sache mit der großen Vergiftung nicht schon öfters gehört? Sind die Phantasien, die andernorts nur noch in Flugblättern auftauchen, für ihn zur realen Welt geworden?

Eine Stunde später fährt der Zug mit meinem Auto gemächlich über den Hindenburgdamm. Ich beschließe, Eskapaden wie mit Orlowski gänzlich aus dem Weg zu gehen. Was ich suche, ist schließlich nicht das Schrille, Skurrile. Sondern die Normalität. Die Normalität der achtziger Jahre.

Dienstag

Rebecca könnte so etwas sein: ein deutscher Glücksfall. Ein Normalfall wie aus dem Bilderbuch. Ich habe sie heute morgen kurz hinter dem Ortsschild von Wenningstedt Richtung Kampen mitgenommen, eine Tramperin. Oxydblonde, gelockte Haare, eines dieser Gesichter, zu denen einem sofort »Fotomodell« einfällt. Bemerkenswert vor allem: dieser dünne Mund, vielmehr die Art, wie sie ihn seitlich hochzieht. Sie stammt aus einem der Hamburger Mittelstands-Vororte, hat eine Schwester, ist zweiundzwanzig, studiert »manchmal« Kunstgeschichte, hat ein Eineinhalb-Zimmer-Appartement in Eppendorf, einen grauen Langhaarpinscher (der jetzt gerade bei »Mam und Pap« ist), ihr Vater ist Leiter eines Musik-Konservatoriums.

Sie ist behütet aufgewachsen, mit dreizehn das eigene Pony, mit fünfzehn den ersten Freund. Ein Ich-Mensch, strahlend. In den sechs Minuten von Wenningstedt bis kurz vor Kampen hat sie etwa sechsunddreißigmal »ich« gesagt.

- Ich finde diese Insel affengeil.
- Ich finde es ganz aufregend, diesen Sommer.
- Ich würde gerne nächstes Jahr in die Karibik, mal sehn, ob Mam und Pap zusagen.
- Ich habe einen Freund, der eine Boutique in Eppendorf hat. Verkauft Spiegel, Art deco und so.
- Ich finde heiraten ätzend. Man kann nicht immer mit demselben.
- Ich würde aber gerne mal heiraten. Nur so, zum Spaß. Muß affenkomisch sein, einen Ehering zu tragen.
- Ich möchte mal Kinder später. Ich will Treue, unbedingt!
- Ich finde, man muß unbedingt kreativ sein.
- Ich finde diese Touristen hier zum Kotzen. Wie sie in der Gegend rumtrampeln. Ohne Stil.
- Ich finde schon, daß Männer gut aussehen müssen. Wer nicht auf sich achten kann, kann auch nicht intelligent sein.
- Ich würde mich bei einem dummen Mann langweilen, der immer nur Sportschau guckt.
- Ich finde, ein Mann muß Sport treiben. Einen herben Sport.
- Ich möchte nächstes Jahr mit meinem Freund Fallschirmspringen lernen.
- Ich geh in die Werbung. In der Werbung kannst du was verdienen, bist kreativ und hast ständig ein Team mit geilen Leuten um dich rum.
- Ich hab meinen Stolz.

Kurz vor Kampen geraten wir in einen Stau. Sie zündet sich eine Zigarette an, deren Marke ich noch nie gesehen habe. Wie sie denn ihr Geld verdient?

– Ich weiß nicht, sagt sie trotzig, Mam und Pap geben mir nix mehr. Finde ich schofelig. Aber Geld ist immer da. Im »Roten Kliff« läuft immer was. Und zur Not im »Village«. Im »Gogärtchen« ist eine andere Szene. Die Typen da sind ein bißchen alt, haben aber gut Kohle. Ich hab da meinen Stolz. Weißt Du, das Leben fängt eh erst bei 10 000 Mark im Monat an.

Sie rechnet vor: 2000 Mark Miete für ein gutes Loft. 2000 die Jaguar-Abzahlung, die Essens-Verabredungen kommen auch so rum, dann noch Klamotten, dieses italienische Zeug ist nicht gerade billig. Ach ja, Reisen nicht vergessen, so dreimal im Jahr muß es schon sein. Bist Du ganz schnell auf zehntausend.

Als ich Rebecca nach der Grenze zwischen Prostitution und ihrem Lebensstil frage, wird sie schlagartig sauer. Wie ich das meine? Sie wisse schließlich, mit welchen Typen sie was mache und mit welchen nicht, das sei *ihre* Entscheidung, immer, schließlich gebe es so was wie Emanzipation, sie lasse sich doch nicht verarschen, sie ficke, mit wem sie wolle und wann sie wolle, daß der Typ Geld haben müsse, sei einfach selbstverständlich, und wenn er mir sein Auto gibt und seine goldene American Express, das ist schließlich nicht weil . . ., sondern einfach, weil er mich eben gut findet, sonst ist es eh ein Versager, und schlecht im Bett. Das brauche sie sich nicht bieten zu lassen, und überhaupt *könne ich mir meine Scheißklapperkiste an den Hut schmieren*!

Abends an der Bar vom »Roten Kliff«: Zwei Kaschmir-Jünglinge mit schwarzen Schatten um die Augen knobeln um den Schlüssel zu Papis Porsche. »Der Sack, warum hat er nicht den Schlüssel für den Maserati dagelassen. Der ist viel schneller!« Im »Village« sitzt in der Ecke eine Angestellten-Runde im grauen Anzug und Schlips, um die vierzig. Sie entpuppen sich als leitende Angestellte eines großen Stahlwerks im Ruhrgebiet, das gerade mit Massenentlassungen von sich reden macht. »Heute gehört uns Duisburg und morgen das Duisburger Arbeitsamt. Ha, ha.« Sie laden mich ein, einen mit ihnen durchzuziehen. Erweisen sich als Kenner von Rotem Libanon und bröseligem Marokko.

Mittwoch

Beim Duschen nach der Massage kommen wir ins Gespräch. Georg F., 1,68 groß, 78 Kilo schwer, 32 Jahre alt, Muskeln pur, ein kantiges Rambogesicht mit blonder Stoppelfrisur. Gott sei Dank kann ich mich sogleich in meinen Bademantel hüllen. Er ist vor drei Jahren vom Gewichtheben zum »Kraftsport« gekommen. Jetzt ist er Landesmeister. Mit Ambitionen zum Bundesmeister. Er erzählt mir, wie er drei Tage lang vor den Meisterschaften nichts mehr trinkt. Dann wird die Haut ganz dünn und transparent, die Adern kommen deutlicher hervor, wenn der Körper »zum Posing durchgeölt ist«, auch wenn man »dann auf dem Laufsteg fast tot ist, denn drei Tage ohne Flüssigkeit, das ist die Grenze zum Exitus. Wußten Sie, daß der jüngste Landesmeister im Kraftsport dreizehn, der älteste zweiundfünfzig ist, und daß im nächsten Jahr ein Achtundfünfzigjähriger den Pokal gewinnen wird? Das sind doch alles Gerüchte, daß man seinen Körper verschleißt! Laiengerede! Bodybuilding hält jung, man kann uralt werden mit einem goldenen Körper! Alles andere ist Propaganda, nichts als Propaganda! Was sind Sie von Beruf?«

»Journalist.«

»Scheiße«, sagt er dann. »In euren Zeitungen steht nur Scheiße über uns Bodybuilder drin. Erlogenes. Neidgefasel. Propaganda der Hirnmenschen.«

»Aber kann man es nicht übertreiben?«, sage ich hilflos. »Ich meine: Kann man nicht seinen Körper derart überbeanspruchen, daß er – Verzeihung – morsch wird. Und ich meine – Muskeln, Körper – gut und schön. Aber.«

Sein Blick geht durch meinen Bademantel hindurch auf meine Speckringe und meine schwächlichen Arme. Seine Hände öffnen und schließen sich ein paarmal wie die Greifarme eines Stahlwerk-Roboters. »Sie müssen doch sicher«, sagt er dann höhnisch, »ziemliche Verbalakrobatik vollbringen, um einer Dame zu gefallen, oder?«

Ich schlage ihm vor, einen Spaziergang zu machen. Draußen hat sich der Regenschauer in einen kleinen Sturm verwandelt, und wir trotten eine Weile am Strand entlang. Ich habe das Gefühl, als ob der nasse Sand bei seinen Schritten erzittert, aber das ist wohl nur Einbildung.

»Sehen Sie«, fährt er dann fort, »ich kenne diese Unterstellungen von Leuten wie Ihnen, das gehört zu meinem täglichen Brot. Wie soll es auch anders sein? Sie ahnen, daß Ihre Zeit sich dem Ende zuneigt. Nur der ideale Körper hat keinen Verschleiß. Der goldene Körper ist eine perfekte Maschine.«

22

»Grausam« werfe ich ein.

»Die Verbohrtheit der Intellektuellen. Der Bläßlinge, die es noch nicht einmal schaffen, mit dem Rauchen aufzuhören. Stimmt es etwa nicht? Haben Sie nicht sexuelle Schwierigkeiten, die sie immer wieder mit dem Schrott, den sie von sich geben, kompensieren müssen? Ja, gucken Sie nicht so, ich habe acht Semester Psychologie studiert, das trauen Sie einem Bodybuilder nicht zu. Selbstberuhigung, nichts weiter. Denn in Wirklichkeit werden wir, so leid es mir tut, die Macht ergreifen.«

Der Wind hat jetzt kräftig aufgefrischt und bläst uns Sand in die Augen, und ich bin nicht sicher, ob ich ihn richtig verstanden habe. »Macht?« frage ich, »Was hat das mit Macht zu tun? Sehen Sie sich die Mächtigen in Bonn an. Die sind nun nicht gerade von ihrem Format.«

Sein Lachen dröhnt. »Macht? Bonn? Ach was! Um eine solche Pappnasen-Anstalt geht es doch gar nicht! Es geht um die Perfektion: Sehen Sie mich an. Ich brauche mich um mein Hirn nicht zu sorgen. Es schnurrt wie ein Uhrwerk. Leise. Präzise. Es ist ein gut geölter Muskel in einer gut funktionierenden Maschine. Und bei Ihnen? Sie sind blaß. Durchblutungsstörungen. Magenschwäche. Anfälligkeiten gegen Krankheiten. Wahrscheinlich der typische Intellektuellen-Alkoholismus. Wehleidigkeiten, die auch auf Ihr Denken ausstrahlen, denn wer sich körperlich schwach fühlen muß, denkt auch um die Ecke, verschwommen, negativ, defätistisch. Zuviel Alkohol, Herzschlag mit fünfzig, wie in Ihrem Beruf üblich. Aber die Mächtigen in Bonn? Nicht doch. Sehen Sie sich Amerika an, da wurde die Botschaft verstanden. Die heißesten Cracks in den Forschungszentren, die kreativsten Leute, die Elite eben – diejenigen, die das Sagen haben – betreiben Kraftsport. Mit dem Fahrrad, dem Hometrainer – egal womit. Nur die Stärksten bringen es zu was. Hierzulande ist das noch ein wenig anders. Aber nicht mehr lange. Bislang sind wir Kraftsportler eine eher verachtete Minderheit. Aber wir sind viele. Mehr als zwei Millionen Menschen in der Bundesrepublik betreiben Kraftsport regelmäßig. Glauben Sie, daß das alles Idioten sind, die sich alles bieten lassen? Wie viele Grüne gibt es? Wie viele Friedensfreunde? Hä?«

»Was haben Sie gemacht, bevor Sie zum Kraftsport kamen?«

»Ich habe studiert. An der Uni Marburg. Philosophie. Dann eben Psychologie. Ich war zuerst bei der Bundeswehr, und dann diese langhaarigen Linksdenker an der Universität, die erweckten in mir das Bild einer dekadenten, untergehenden Rasse.«

»Auf die Gefahr hin, daß Sie mich zusammenschlagen – ich finde, das sind Nazi-Sprüche.«

Er sieht mich kopfschüttelnd an, den Kragen seines Bademantels hochgeschlagen »Schon wieder diese Projektionen. Sie niederschlagen – wer denkt denn daran? Lassen Sie es uns philosophisch-psychologisch betrachten. Oder meinetwegen historisch. Historisch haben wir ein paar Jahrhunderte Kopfherrschaften hinter uns. Krankheit also. Denken Sie an Hitler, diesen Pimpf – hätte er einen schönen, starken Körper gehabt, er hätte niemals diese Raserei veranstaltet. Überhaupt die Kriege. Es gibt keinen Krieg, der nicht aus einer kranken Idee eines kranken Körpers entstanden wäre. Da haben wir es wieder: Kopfgeburten! Wer einen maroden Körper hat, muß kompensieren. Die Frauen lieben ihn nicht, er kann nicht anständig ficken, sondern wabbelt allerhöchstens auf den Frauen herum, die ihn im Grunde verachten. Ergo träumt er von Raketen, Panzern, Stahl.« Er zeigt mir seinen baumdicken Arm. »Und wissen Sie, wo der Sitz der menschlichen Intelligenz ist?«

»Haha«, sage ich prophylaktisch.

»Nun seien Sie nicht gleich wieder beleidigt. Nein, kein Proletenwitz. Im Arsch sitzt sie! Das meine ich ernst! Der Arsch merkt sich alles. Ob er geprügelt worden ist. Vor allem, wie er sich bewegt hat. Der Arsch ist wendig. Er hat in der Kindheit die Motorik angetrieben, die dann später an der dekadenten Schreibtischexistenz vergessen wurde! Der Arsch ist das Zentrum, weil er sich immer bewegen will, instinktiv, wie beim Ficken!«

»Kommt es wirklich nur darauf an?«

»Keineswegs. Wir können auch über Nietzsche und Kant reden, oder über Proust, oder was halten Sie von Baudrillards neuer Amerikatheorie? Ach ja, Amerika, da waren wir stehengeblieben. Wie gesagt, dort ist die Botschaft verstanden worden. Daß die menschliche Rasse sich entwickeln muß. Der *homo bürokraticus*, der wabbelige, blutleere Sitz- und Denk-Mensch, ist zum Aussterben verurteilt – die amerikanischen Jogging-Leute, die Kämpfer im Schweiße sind die einzig adäquate, die Überlebens-Reaktion des Menschen auf die Computer- und Schreibtisch-Gesellschaft. Leute, die den Streß überleben werden. Angepaßte Spezies. Wer nicht ausgleicht, daß der Körper in der Industriegesellschaft objektiv

24

überflüssig geworden ist, geht unter. In Intensivstationen. In den frühen Verfall. Das Kränkeln. Den Krebs. Aids. Wo und wie auch immer.«

Ich starte einen letzten Entlastungsangriff: »Es gibt aber Frauen, die auf Körper wie den Ihren nicht stehen«, sage ich knurrig.

Er sieht mich wieder von der Seite an, eine gedrungene Gestalt, die wie in Beton gegossen aus dem Sand wächst.

»Sie würden sich besser fühlen, wenn Sie etwas für Ihren Körper tun würden«, sagt er und sieht mich mit seinen widerlich blauen Augen an. »Fragen Sie die Frauen. Fragen Sie sie wirklich. Ich meine, wenn es nur solche Typen wie Sie gibt – was sollen die dann machen?«

»Sie erinnern mich an einen Film, den ich einmal gesehen habe, einen Science-Fiction-Film, irgendetwas mit ›Mutanten unter uns‹.«

»Mutation ist die Anpassung der Spezies an veränderte Lebensbedingungen. Alles andere ist Dekadenz.«

Wir haben eine Strandstelle erreicht, an der die Surfer ihre Bretter abgelegt haben. Er greift sich eines, auf das ein blutroter Blitz gemalt ist.

»Wollen Sie auch ein Brett? Ich habe zwei.«

Ich sage, daß ich nicht surfen kann.

»Dann leben Sie wohl. Und denken Sie daran. Ihre Herrschaft ist zu Ende. Die goldenen Körper werden es besser machen!«

Und schon ist er mit seinem Surfbrett in der anbrandenden Gischt verschwunden.

Mittwoch

Immer noch Sturm. An der Buhne treffe ich Silvia. Plötzlich kommt sie hinter einer flatternden Zeltplane hervor. Sylvia aus Berlin. Dieselbe Sylvia, mit der ich vor ein paar Jahren diese langen Gespräche hatte, weil sie sich nicht beruhigen konnte, daß ihr politisches Engagement nun vorbei sei. Sie bekam einfach »politisch keinen Fuß mehr auf den Boden«, obwohl sie fünf Jahre lang die Ortsgruppe einer zu allem entschlossenen K-Gruppe geleitet und danach zum aktiven Kern der Berliner Häuserkampfszene gehört hatte.

Sie strahlt. An der Hand hat sie ein kleines Kind, etwa zwei Jahre alt. Er heißt Stefan, aber sie nennt ihn »Kleiner Kämpfer«. Sie ist sichtlich verlegen, daß ich sie hier auf Sylt treffe, auch noch in Kampen. »Hier sind nun mal die Becquerel-Werte am niedrigsten, trotz der ganzen Schicki-Mafia, die hier rumliegt«, sagt sie entschuldigend. »Als ich mit Stefan schwanger ging«, erzählt sie dann, »ging die Sache mit Tschernobyl los. Ich war völlig am Ende. Kaputt. Deprimiert. Alle waren wie gelähmt und niemand mehr richtig betroffen. Dann habe ich mich mit Gerd, meinem Freund, in der Wohnung eingeschlossen die ersten vier Wochen, Ritzen und Fenster abgedichtet, nur noch Konserven gegessen und H-Milch, eisenhart haben wir das durchgezogen. Ich war im fünften Monat, und eigentlich war die Beziehung zwischen Gerd und mir schon völlig im Arsch. Aber dann ging es wieder, und ich ging in die Gruppe »Frauen gegen Tschernobyl« und dann in die Tschernobyl-Geburts- und dann in die Tschernobyl-Still-Gruppe. Wir machten Demos, Aktionen, Unterschriftensammlungen – nach Jahren ging endlich wieder die Post ab! Und ich merkte, wenn die Mütter nicht aufstehen und kämpfen, dann steht niemand mehr auf und kämpft!«

Mir ist es ein bißchen peinlich, daß sie plötzlich hier am Strand die Faust hebt wie beim Parteitag der KPD/AO 1971. Täusche ich mich, oder ist ihr Bauch schon wieder dick? Sie erzählt noch ungeheuer viel über Becquerel im Spinat und im Speiseeis und über Risikoberechnungen bei Druckwasserreaktoren, und ich merke, daß sie wieder ganz die alte ist. Obwohl sie doch nie ein Kind wollte. Obwohl sie doch Mütter mit Kindern eher verachtete, aus politischen Gründen. Wir verabreden uns lose für morgen, wieder an derselben Stelle.

Gegen Abend nimmt der Wind weiter zu. Sturm und Windstärke 9. Auf dem Roten Kliff stehen Paare und Passanten schräg im Wind, sie warten darauf, daß ein Stück Kliff abbricht und ins Meer fällt, ein beliebter Volkssport, wie man mir in der »Sturmhaube« versichert. Bis es soweit ist, gehe ich in die Kurhalle nach Wenningstedt. Ein Vortrag über »Küstenschutz und Sturmflut«.

»Das ist doch noch gar nichts da draußen«, sagt der Referent Heinrich Sönnichsen, seit siebzehn Jahren Mitglied im Vorstand der Küstenschutz-Vereinigung, im Hauptberuf Schornsteinfeger auf dem Festland. Seit Jahr und Tag, so erfahre ich, zieht er drohend und mahnend über die Insel. Denn Sylt geht unter.

Er legt richtig los: 1979 gehen 25 Häuser und 2 Dünenketten bei Hörnum verloren. Die untere Inselspitze droht abzubrechen. In List wird der Hafen verwüstet – 20 Schiffe zerstört. In Kampen verliert das Rote Kliff 20 Meter! Und das wird noch harmlos sein, wenn wir nichts tun!

Sylt, die Front, das Bollwerk – dreigeteilt niemals. »Wir Sylter waren immer ein sehr ruhiges Volk, aber jetzt wachen wir auf. Schließlich leben wir hier in vorderster Front. Wenn man so will, wie die Südtiroler! Und wie es politisch in Südtirol zugeht, wissen Sie ja!«

Als der Vortrag vorbei ist und ich meinen Obulus für neue Panzersperren gegen die mörderische Flut entrichtet habe, gehe ich hinunter zur Steilküste. Es ist dunkel geworden, die Straßenlaternen flattern und pfeifen erbärmlich im Wind, es herrscht mindestens Windstärke 11. Das Meer donnert gegen den Strand, daß der Boden bebt, die Gischt stiebt bis in die Höhe der klappernden Straßenlaternen. Dicht an der Kliffkante finde ich eine Kneipe, davor, inmitten von bereits bröckelnden Steinplatten, ein paar Sandsäckchen. »Schöne Aussicht« heißt die Kneipe, über dem Eingang steht: »Dick und satt, wie schön ist datt.«

Drinnen ist Stimmung. Eine Kapelle mit dem Namen »Die Lolliflippers« spielt Rumba, zerknitterte und sonnenbankverbrannte Mittfünfzigerinnen liegen volltrunkenen, bierbäuchigen Angestellten in den Armen und singen »Heute geht die Welt noch unter, die Welt noch unter.«

»Ob La Paloma oder Disco, die Bude kriegen wir immer voll«, erzählt der Kellner, ein Jugoslawe mit norddeutschem Akzent. »Vor vier Jahren, als der Inhaber es gekauft hat, war die Kliffkante noch zwanzig Meter weg. Jetzt sind wir bald dran. Diesen Herbst. Wenn die Stürme kommen.«

»Traurig«, sage ich. »Das zahlt doch sicher keine Versicherung, wenn das in den Bach geht.«

»Traurig?« Er schüttelt den Kopf. »Eine Goldgrube. Eine Riesengoldgrube. Der Besitzer hat zum Freundschaftspreis gekauft und hier längst so viel rausgepumpt, daß er sich teure Dinger im Hinterland kaufen konnte. Dazu Gefahrenzulage, Risikoinvestition, gibt es sogar einen Steuerparagraphen dafür.«

»Steuer«, brummt der Mann, der neben mir an der Theke hockt. »Haben Sie Steuer gesagt? Haha! Kennen Sie den neuesten Trick?

Den mit dem Bärenfell?« Er ist mäßig betrunken, seine Frau, eine
geliftete Blondine, raucht eine Zigarette nach der anderen.

»Bärenfell?«

»Ich habe letztes Jahr ein Bärenfell von der Steuer abgesetzt. Das
ging lok-ker. 4500 Mark. Gestatten Sie, daß ich mich vorstelle: Ich
bin Unternehmer. Boss. Aus Kleve, Niederrhein. Pelze Importex-
port, Lederjacken. Und mein Verhandlungszimmer, das braucht
ein Bärenfell, oder?«

Mir fällt dazu nichts ein.

»Weil ich den Kunden einen Bären aufbinden muß, und weil sich
das im Pelzhandel einfach verkaufsfördernd auswirkt. Sieht die
Steuer ein. Glatt. Prost!«

Ich versuche zu lachen.

»Überhaupt sage ich Ihnen: Die Politiker sind Idioten. Aber
lassen wir das. Wissen Sie, was Waldsterben ist? Nein? Sehen Sie, da
fahren wir mit 250 dran vorbei, daß es kracht! Das ist doch Volks-
betrug! Das ist doch eine Verarschung der Basis, und die Basis, das
sind schließlich wir, wir Steuerzahler, wir kleinen Leute, nicht
wahr? Wir Staatsfeinde, wir notorischen! Wir Autonomen! Jawohl,
Autonome sind wir! Keine Selbständigen, sondern Autonome, und
unser Helm, das ist unser Steuerberater – was ist das eigentlich für
ein Pack hier, was hier so rumtanzt?«

Inzwischen stampft die Menge: »Die Welt geht unter, ja die Welt
geht unter.« Die Schiffslaternen an der Decke klirren.

»Seit er sich selbständig gemacht hat, trinkt er ein bißchen viel«,
zischt mir die Frau vom Lederimportexport, auch nicht mehr ganz
nüchtern, ins Ohr. In diesem Moment fliegt die Tür auf, der Sturm
fegt herein und eine Frau schreit, nein jubiliert:

»Das Kliff geht ab!«

Alle rennen nach draußen. Es ist nur ein kleiner Keil aus Sand,
der nach unten auf den Strand gerutscht ist. Das Brausen der
Brandung ist jetzt ohrenbetäubend, die Fenster werden geöffnet,
die Lolliflippers drehen ihre Verstärker bis zum Anschlag auf, und
alle tanzen und gröhlen:

»Heute geht die Welt noch unter, die Welt noch unter, ach, wie
wird das schön . . .«

Ich habe diese Wellenroboter, diese braungebrannten Zombies mit den bleichblonden New-Wave-Haaren und poppigen Surfbrettern satt.

In List, draußen vor dem Restaurant »Krabben-Karle« orte ich endlich einen ganz normal aussehenden Menschen. Offenbar einen Intellektuellen. Vermutlich Philosophiestudent, konservativ, der Schlips weht im steifen Nordost, er hat eine Aktentasche aus schwarzem Leder neben sich stehen, trägt ein graues Jackett, Goldrandbrille, Rolex. Alter schwer zu schätzen. Könnte im achtzehnten Semester sein, aber auch gerade erst immatrikuliert. Sehr klein, fast mickrig, mein Vater hätte gesagt: ein Pimpf.

Wir kommen schnell ins Gespräch – ich frage ihn einfach nach den Krabbenspezialitäten des Restaurants. Er rät mir ab, hier zu essen. Wir reden noch über das wunderbarste Thema, das Wetter. Ich spüre eine seltsame Altklugheit, einen Hauch von Arroganz. Plötzlich piepst es in seiner Aktentasche. Er öffnet sie und holt einen Telefonhörer heraus, futuristisches Design, mattschwarz, fährt eine kleine Antenne aus und meldet sich mit »Ja?«

Krächzen in der Muschel.

Dann: »Kaufen. Aber zwanzig niedriger! Was ist mit dem Schrott in der Freiligrathstraße.«

Wieder Krächzen.

»Fein!«

Das Gerät verschwindet wieder in der Aktentasche. Er entschuldigt sich. »Muß immer erreichbar sein. Das geht nicht anders, bei einem Drei-Mann-Betrieb.« Seine etwas ölige Philosophenstimme hat plötzlich einen harten Klang.

»Auch mitten im Urlaub?« frage ich ungläubig.

»Urlaub«, sagt er knapp, »ist nur eine Metapher für dumm herumhocken und Zeit verlieren. Regeneration – nun gut. Aber Urlaub?«

Er sieht mich durch seine Goldrandbrille an wie einen uninteressanten Fisch.

»Lassen Sie uns doch heute abend zusammen essen gehen«, sagt er, »ich kenne ein interessantes Etablissement, wo es tatsächlich einen guten Fisch gibt, im Südteil der Insel, bei Hörnum. Wollen Sie kommen?«

Nach einem ergebnislos vergrübelten Spaziergang über die

Westerländer Promenade – mir ist einige Momente lang, als ob die Mamis und Papis einschließlich ihrer Kinder alle einer seltsamen Sekte angehören – mache ich mich auf den Weg. Er sitzt schon auf der Terrasse des Restaurants, in dem eine schummrige Bonbonbeleuchtung herrscht und die Gäste, offenbar alle aus gehobenen Kreisen, in weißen Ledersesseln seltsame Meeresschneckchen und ungeheure Hummer vertilgen.

Er erzählt mir, daß er mit seinen Kollegen seit vier Jahren im großen Stil »Steuerbauen« in Hamburg betreibt, das heißt, er kauft heruntergekommene Häuser, renoviert sie und verkauft sie wieder, in Eigentumswohnungen portioniert, an Besserverdienende. Er erzählt auch, er sei zweiundzwanzig Jahre alt und heiße Frank Hermann, und sogleich gibt er mir auch seine Karte, auf der tatsächlich in Gold geprägt *Frank Hermann, Immobilienvermittlung* steht. Ich erzählte ihm im Gegenzug, daß ich vor zehn Jahren einige Zeit in einem besetzten Haus gewohnt habe, in einem von denen, die er heute, hochgeputzt, für teures Geld verkauft.

Inzwischen ist es fast Mitternacht. Zeit für den Showdown.

»Sie haben«, sagt Frank Hermann plötzlich mit seiner öligen Philosophenstimme, »ein langes Jahrzehnt gebraucht, um so ziemlich alle Irrtümer zu begehen, die man begehen kann. Sie haben sich schlecht gekleidet, entschuldigen Sie bitte, aber ich vermute das, sind mit rostigen Autos herumgefahren, haben sich mit Kommilitonen und nervtötenden Freunden herumgestritten, ja, Sie haben sich sogar mit Polizisten herumgeschlagen, wie ich vermute.«

Ich bin einen Moment lang baff. Dann hole ich zum Gegenangriff aus. Ich versuche, möglichst hart zu klingen: »Während Sie sich vom Begabten-Abitur gleich in den Anzug und die Karriere geschwungen haben, ohne auch nur im entferntesten auszuzuprobieren, welche Kräfte, welche Träume, welche – meinetwegen – Verrücktheiten in Ihnen stecken.«

Plötzlich haben seine jungen Gesichtszüge etwas Abgebrühtes. »Während Sie« fährt er mit Hohn und Spott in der Stimme fort, »auf Kosten des Steuerzahlers die Polizei bemühen. Auf Kosten des Steuerzahlers endlos studieren, aber nichts tun. Rechnen Sie einmal. Rechnen Sie, wieviel Sie die Allgemeinheit gekostet haben – Sie gehören doch zu der Generation, die sich immer auf die Allgemeinheit beruft. Rechnen Sie Ihren Anteil aus an der Aufrüstung der Polizei. Am Ausbau der Computer bei Interpol. An nutzlosen Universitätsneubauten.«

Er macht eine kurze Pause, läßt mir aber keine Chance zum Protest. »Nicht, daß ich Ihnen das ernsthaft vorrechnen wollte – Gott bewahre, was ist schon Geld? Aber die psychischen Kosten. Das Karrieredefizit. Jetzt zappeln Sie plötzlich Ihrem Aufstieg hinterher, ertappen sich beim Rechnen, wie es mit der Altersversorgung ist, und ob es für ein besseres Auto reicht – sehen Sie, das habe ich in Ihrem Alter alles hinter mir.«

»Und was wollen Sie dann machen, in meinem Alter?« frage ich milde.

»Aussteigen«, sagt das Bürschchen. »Ein Blockhaus am See in Kanada kaufen. Eine Insel in der Südsee.«

Ich fange an zu lachen. »Aussteigen? Das kennen wir. Das haben schon viele gesagt. Aber dann sind da die Zwänge, die Familie. Die –«

»Oh nein«, unterbricht er mich. »Nichts Familie. Nichts Zwänge. Wissen Sie, wie ich wohne? Zur Miete, zwei Zimmer, allerdings gut gelegen, an einem Alster-Seitenarm. Nie im Leben würde ich mich mit einer Eigentumswohnung belasten. Und noch etwas: Ich würde behaupten, daß ich für die Revolution mehr tue und getan habe, als Ihre Generation das jemals vermocht hat.«

Mir bleibt der Mund offen stehen.

»Aus ganz einfachen Gründen. Was haben Sie denn bewirkt? Wie gesagt: Kosten. Aber vor allem: Eine zunehmende Spaltung der Gesellschaft. Ja, fluchen Sie nur, das waren viel eher Sie als wir. Es waren doch Sie, die die Illusion genährt haben, man könnte nur in Armut stolz und selbstbewußt sein und richtig leben – und nun haben Sie in Berlin ganze Tausendschaften von verelendeten Kaputtnicks, die den Staat viel Geld kosten und bei näherem Hinsehen keine Rebellen, sondern Alkoholiker sind!«

»Immerhin haben diese Alkoholiker manche alte Bruchbude, die von Ihren Spekulantenfreunden zur Ruine gemacht wurde, renoviert und instandbesetzt!« unterbreche ich wütend.

Er läßt sich jedoch nicht aus seiner Ruhe bringen, sondern bestellt eine dritte Flasche Wein. »Das liegt an anderen Problemen. Die Spekulation in Berlin war krank, marode. Eine gesunde Spekulation wirkt, das ist es, was ich sagen wollte, strukturell revolutionär.«

Ich will aufstehen, aber er haut mit einer kurzen, trotzigen Bewegung auf den Tisch. »Ich halte mich nur an die Fakten. Ihre Haben-Seite kennen wir. Sie haben es noch gut erwischt, Redakteur, Journalist, hervorragend, aber sehen Sie sich den Rest an: Geschlagene, Gefallene, Lustlose, ab und zu ein Lehrer, einer hat eine Lederwerkstatt, ein anderer ist frustrierter Angestellter aus Not, andere haben sich schmollend in die Toskana zurückgezogen oder sind in Goa versackt. Aber wir? Wir schaffen es täglich, täglich, die Umverteilungsprozesse stattfinden zu lassen, die sich ihre Generation immer gewünscht hat. Gewiß, wir arbeiten langsam. Aber wir enteignen den Staat Zug um Zug. Wir entziehen ihm Steuergelder, die wir in die Realisierung unserer Träume umsetzen. Ja, selbstverwaltete Terrains! Denn was ist eine Eigentumswohnung, die durch Steuertricks finanziert wird, anderes als eine Hausbesetzung – nur mit moderneren Mitteln? Und soll ich Ihnen einmal vorrechnen, was dieser Umverteilungsprozeß bringt? Was der virtuose Umgang mit der Steuerrealität wirklich an Umverteilung leisten kann? Wie vielen Mitgliedern des eher bescheidneren Mittelstandes haben wir schon zu Gut und Haben verholfen – zu Besitz eben, zum Klassenaufstieg, der ja auch subjektive Spielräume erweitert und Selbstverwaltung und Freiheit zuläßt. Was ist der Klassenkrieg gegen den Steuerkampf! Wie ungleich wirksamer sind unsere Methoden, um aus Armut Reichtum zu machen, um dem Staat Paroli zu bieten, um die ›habende‹ Schicht zu verbreiten. Nein, lachen Sie nicht, lesen Sie bei Marx nach: ›Im Prozeß der Revolution greift die Klasse immer mehr zu den Reichtümern, enteignet sie den Kapitalisten und dem Staat und macht sie so zu ihrem Haben, das somit auch gesellschaftliches Haben ist.‹ Rechnen wir das doch einmal volkswirtschaftlich hoch!«

Er zog einen Solar-Taschenrechner aus seinem Jackett. Trotz der milden Brise vom Meer war mir auf einmal schlecht. Ich stand auf. Ich legte zwei Hundertmarkscheine auf den Tisch und verabschiedete mich mit gemurmelten Entschuldigungen. Ich stieg betrunken in meinen Diesel und fuhr Richtung Kampen.

Ich beschloß, noch einmal im »Roten Kliff« vorbeizuschauen. Dort sollte eine Party stattfinden, zehnjähriges Jubiläum. Ich kam heil an. Jede Menge Prominenz. Peter Boehnisch tanzte auf der Bühne mit einer schrill angemalten Tussi zu *Street Fighting Man* von den Rolling Stones.

Für heute hatte ich genug.

Morgens am Strand ein etwa Siebzehnjähriger, der Fußball spielt. Um mich nicht wie ein komischer Onkel an ihn ranmachen zu müssen, zeige ich ihm meinen Presseausweis. Er wird ganz aufgeregt, verspricht, mich in einer Stunde in einer Strandbar zu treffen. Er kommt überpünktlich, ist herausgeputzt, italienisches Jackett, riecht nach Rasierwasser und reicht mir seine »Präsentationsmappe«. Fast 100 Seiten im Leitz-Ordner, die Seiten säuberlich in Plastik eingeschweißt, mit Fotos vom Säuglingsalter an. »Erste Phase – das Pränatale Nichts« – »Zweite Phase – Saugen und Lutschen« – »Dritte Phase – Rabaukentum und erste Kreativität« – »Vierte Phase – Endlich aufgeklärt« – »Fünfte Phase – die poetische Ader wird entdeckt« – »Sechste Phase – Erotik ungekühlt« – undsoweiter undsoweiter. Immer mit Fotos, aber auf denen tauchen seine Eltern nicht auf. Auf dem Deckblatt steht in kindlicher Krakelschrift *I'm a product of the Ego-Century.* Die letzten zehn Seiten zeigen ihn auf Polaroids mit entblößtem Oberkörper, posierend in allen Richtungen, immer Gedichte dazwischen, auch kleine Texte von Baudrillard, und Appelle: »Sie wünschen mich kennenzulernen? Ich heiße Stefan Hans Schmidt, bin geboren in Meppen an der Lahn und habe das Hans-Pestalozzi-Gymnasium besucht. Ich bin interessiert an einem interessanten Job, der mich ganz und gar fordert. Ich bin Erdenbürger. Und ich betrachte es als meine Pflicht, eine leuchtende Spur auf diesem Planeten zu hinterlassen. Eine Spur der Kreativität.« Dann wieder Relativierungen. »Wenn Sie diese Mappe als narzißtisch empfinden, haben Sie recht. Aber nehmen Sie's nicht übel, wir leben in einem narzißtischen Zeitalter. Jeder ist sein eigener Künstler. Ich könnte mir vorstellen, ein tragendes Glied in ihrem Kreativteam zu werden – sei die Sache, um die es geht, das Marketing, eine Illustrierte, ein Designbüro, eine Musikagentur, ein rasanter Autoverleih, ein Grafik-Art-Team, eine moderne Zeit-Schrift – alles, was kreativ ist.«

Ich verlasse fluchtartig die Neonbar. Er ruft mir noch hinterher: »Aber ich wollte doch nur, weil Sie Journalist sind, vielleicht können Sie ja . . .« Aber zu spät.

Ich laufe deprimiert im Watt herum, an der Festlandsseite der Insel, am Eisenbahndamm, über den endlos die Autozüge ziehen, als wollten sie sagen: Die Normalität gibt es doch. Gibt es denn wirklich niemand halbwegs Normalen mehr? In der Keitumer Buchhandlung liegen zwei Bestseller in riesigen Stapeln an der Ladenkasse, »Es ist Zeit ein Apfelbäumchen zu pflanzen« und »1000 Steuertricks«. Irgendwo zwischen diesen beiden Polen muß das Geheimnis dieser Republik liegen.

Spät abends der Entschluß. Ich reise ab. Nein, ich bleibe noch. Ein letzter Versuch, einen normalen Menschen auf dieser durchgedrehten Insel zu finden.

Sonntag

»Obstipation«, sagt der dynamische Herr im italienischen Sakko, »Obstipation ist unsere typische Berufskrankheit. Obstipation hat schlimme Folgen. Sie sind ja sicher modern eingestellt. Man kann mit Ihnen darüber reden. Obstipation übersäuert Ihr Blut, läßt ungelöste Fettsäuren in Ihre Hirnadern eindringen, die die Synapsen blockieren. Obstipation vergiftet Ihre Gedanken und verursacht, abgesehen von Potenzstörungen, Leistungsschwäche, Anfälligkeit für Infektionen. In der Klinik, die ich Ihnen empfehlen möchte, werden die Totalentleerungen unter totaler ärztlicher Kontrolle durchgeführt. Totalentleerung ist das Höchste. Haben Sie schon einmal eine Totalentleerung gemacht?«

Ich verneine.

»Ein geradezu irrwitziges Gefühlt«, schwärmt der Mann, und sein gepflegter Schnurbart zittert leicht. »Wie auf Drogen. Zugegeben, es ist ein bißchen unappetitlich. Ihr Darm wird total ausgespült, mit Kathedern und Schläuchen unter hohem Druck, aber trotzdem sehr sanft. Da kommt nicht nur Kot heraus! Da kommen noch ganz andere Sachen heraus. Widerliche Sachen!«

Etwas ratlos stochere ich in meiner frischen Nordseescholle mit Kartoffelsalat.

»Und dann bleiben Sie eine Woche völlig leer!« schwärmt er weiter. »Vakuum! Innere Leere! Auf Trip, würde ich sagen. Nur ein dünner Brei ist zugelassen, eine Geheimmischung des Chefarztes, den Sie unbedingt kennenlernen müssen. Ein aufgeklärter Okkultist.«

»Ein Okkultist?«

»Ja, er meditiert und hat irgendetwas mit dieser New-Age-Bewegung zu tun. Betrachtet das Entleeren und Fasten auch als seelische

34

Sache. Es ist wirklich himmlisch, nach einer Woche fühlen Sie sich leicht wie eine Feder, und irgendwie geläutert. Was meinen Sie, was für hohe Tiere Sie da sehen, halb Bonn ist da zu Gast, bei diesen kleinen Drogentrips. Dann haben sie endlich Abstand vom Krieg. Ich meine: das ist doch wie früher, da wurden die kriegsverwundeten Offiziere doch auch fürstlich bewirtet.«

»Krieg? Arbeiten Sie in der Rüstungsindustrie?«

Er fuchtelt mit einem Havanna-Zigarillo. »Sehen Sie«, fährt er fort, »ich bin ein altes Frontschwein. Fast zehn Jahre an der Front für den Sechzehnlocher. Wir haben die ersten fünf Jahre nur Feldtests gemacht, Terrain sondiert, Übungsflüge gemacht, Auswertung, Strategieentwicklung – alles, was man für eine ordentliche Offensive braucht. Ich habe schon damals die Wochenenden durchgemacht, meine Frau hat mich ja noch nie viel gesehen, aber das ist nun mal so, wenn man leitender Angestellter ist. Im vierten Jahr haben wir in Bawü angefangen. Das sah erst wackelig aus, eine Krise, aber am Jahresende waren wir auf 18 Millionen, also ran ans Saarland, dann Rheinland-Pfalz, 48 Millionen, das war vor drei Jahren, dann allerdings fuhren wir uns fest, Sie wissen, die Baukrise, aber wir machten alle Ressourcen mobil, Bayern war dann nur noch ein Sturmlauf, und Norddeutschland haben wir in den letzten 18 Monaten gemacht. 125 Mio, mein Lieber! Beschweren können Sie sich nicht, ich möchte zwar bescheiden sein, aber ich muß doch sagen, daß der Sechzehnlocher mein Werk ist in Deutschland, nicht wahr? Mein Lebenswerk, jawohl, mein Lebenswerk!« Und er grinst über das ganze braungebrannte Gesicht.

Ich habe meine Scholle zu Ende gegessen und beobachte ihn, wie er sein Filet verzehrt. Er ist nicht verrückt, er ist nicht exaltiert, er ist nur normal. Andere binden ihr Leben, ihre Zeit, ihren Sinn an die strategische Durchsetzung von Nudelsorten, Fischkonserven, Maggiwürfel, Schleifmaschinen, Kochsiebe oder Autospoiler. Sie zittern um Absatzkurven, leben auf, wenn die Zahlen nach oben gehen, werden depressiv, wenn sie absacken, wenn die Objekte ihrer beruflichen Leidenschaft, ihrer Kreativität, die Schokoriegel und Barbiepuppen, die Dackelklos und Allzweckreiniger in die Absatzflaute geraten. Es sind erwachsene Männer und manchmal erwachsene Frauen, die ihr Leben einer Sekte, einer Organisation opfern, die Maggi heißt oder Milupa oder Pampers oder wie auch immer. Die über Jahre und Jahre in ein Kollektiv hineinwuchsen, das durch die Liturgie der Absatzzahlen verbunden war, und dessen Gebet im Flehen um die Stückzahlerhöhung bestand. *Das* ist die Normalität. Sekten und Kollektive – sie werden sich niemals in dieser Gesellschaft durchsetzen können, denn sie sind schon da, ihre Zentralen sitzen in häßlichen Verwaltungsbauten, ihre Jünger auf Bürostühlen zwischen Hydrokultur-Gummibäumen, und das große, kollektive Geräusch, das sie alle verbindet, ist das leise Summen der Klimaanlagen und das Piepsen der Computer. Ich verstand plötzlich, warum der Ruf unserer Generation nach »Kollektiven« ungehört verhallt war – es gab sie längst. Warum Sekten zwar immer wieder auftauchten, aber auch immer wieder verschwanden – sie sind längst in unseren Alltag eingebaut, sie funktionieren zwar hierarchisch, aber nur, weil das (im Moment noch) praktischer ist.

Der Sechzehnlocher ist ein neuentwickelter Groß-Ziegelstein auf Poröskalkschaumbasis, und in mir begann ein Verdacht zu wachsen und ließ nicht mehr los: Was wäre, wenn die Normalität sich heimlich aus der Realität verabschiedet hätte? Wo soll sie gedeihen, wenn in jeder kreuzbraven Familie längst das Scheidungsdrama lauert? Wenn Kinder die Erwachsensten und Erwachsene Kinder sind? Wenn der angesehene Abgeordnete, der Goethe liest und Chopin hört, hinter der Bibliothek eine kleine Folterkammer für seine sexuellen Obsessionen unterhält – das ist normal. Wenn sich die Mächtigen als hilflos und die Beherrschten als die eigentlich Mächtigen erweisen. Wenn jede erfolgreiche Existenz auf einem Steuerbetrug beruht, wenn die Korruption längst ein Überlebenselixier, die Ehrlichkeit aber eine Psychokrankheit ist, die Dilettanten berühmt sind und die Berühmten immer verrückter werden – was tun? Auf nichts und niemand ist mehr Verlaß. Wenn keiner mehr entscheiden kann, ob nicht die Linken in Wahrheit erzkonservativ und die Yuppies emanzipatorisch, ob die Entfremdung nicht längst verbindliche Realität, Realität hingegen längst eine Abstraktion darstellt – wer soll da Maßstäbe setzen? Wenn die schrillsten Absonderlichkeiten aus dem profanen Alltag wachsen, wenn der Spießer in Wahrheit ein Freak und der Freak ein idealer Spießbürger ist, wenn das Intellektuelle längst banal, das Banale aber intellektuell ist, wenn die Wirtschaft nur durch ihre permanente Krise, die Gesellschaft nur durch ihren Untergang gedeihen kann – soll man dann erneut nach Ordnung, Klarheit, Wahrheit rufen wie ein verrückt gewordener Moralpolizist?

Und vor allem: Wogegen soll man revoltieren? Wovon sich abgrenzen?

2.
Die Nörgel-Gesellschaft
Eine Epidemie

»Es ist ein Hunger nach Liebe und Zärtlichkeit
in einer kalten Gesellschaft,
der uns auf die Straße treibt.«
Aus einem Sponti-Flugblatt, 1974

»Diese Kuschel-Zärtlichkeit der Alternativos,
dieses Gefummel und Geschmuse
und dieses ewige Diskutieren in Wollsocken,
das macht uns krank.«
Aus einem Punk-Fanzine, 1981

»Die Neon-Kälte, dieses betörende 80er-Jahre-Gift,
das aus den Bars der Großstädte in die Herzen der Nation
geträufelt ist, hat offenbar alle versteinert.«
Aus einer Männermodezeitschrift, 1985

Der Mann mit der hellbraunen Nappa-Lederjacke und dem Spitz-
bart ist plötzlich zornig. »Ich lasse mich doch nicht verarschen!«
sagt er und wischt sich entschlossen den Schweiß von der Stirn, den
die unerträglich heißen Scheinwerfer des Fernsehstudios produzieren. Kurze Pause. »Dann gewöhne ich mich womöglich an ein gutes
Gehalt, richte mich darauf ein, kaufe Möbel und Kleider, mache
große Reisen – und dann ist womöglich nach zwei Jahren alles
wieder vorbei. Nein. Nicht mit mir!« Kurzes Murmeln der Zu-
schauer an den Marmorimitat-Caféhaustischen im Hintergrund.
Dünner Beifall. Kameraschwenk. Der nächste Arbeitslose.

Was war geschehen? Manfred F. ist vierundvierzig Jahre alt, seit
fünf Jahren arbeitslos, jetzt auf Sozialhilfe, seine Frau geht putzen.
Er hat soeben in der Talkshow mit dem Titel »Ausrangiert – über
Arbeitslosigkeit und die Folgen« einen Job angeboten bekommen,
einen lukrativen Job sogar. Vorher hatte er bewundernswert frei-
mütig über die zermürbende Langweile vor dem Fernseher und die
Schwierigkeiten mit seiner Frau berichtet, hatte davon erzählt, wie
ihn die Kollegen allmählich schnitten, und wie das damals gewesen
war, als die neuen Roboter-Maschinen seiner Firma ihn hinausra-
tionalisierten. Der Moderator, ein beliebter Menschenfreund mit
Glatze, war sanft zu ihm gewesen, sehr sanft hatte er ihm den Weg

durch die Fragen gewiesen, ihn ausreden lassen bis zum Schluß, immer verständnisvoll. Schließlich handelte es sich bei Manfred um ein Schicksal, um ein Opfer unserer »achtlosen Zeit«, wie der Moderator meinte, der sich damit in Einklang befand mit den bärtigen Pfeiferauchern und buntpulloverigen Studentinnen im Publikum. Alles war also nach Plan verlaufen, doch da war plötzlich dieser Mensch im Publikum aufgestanden und hatte sich als Inhaber einer Baufirma vorgestellt, ein nicht sehr sympathischer Mittvierziger mit Bauch und einem schlechtsitzenden, dunkelblauen Anzug. Und der hatte Manfred einen Job in seiner Firma angeboten, als Facharbeiter, gutbezahlt, und zunächst für zwei Jahre, er brauche gerade solche Leute, dringend. Manfred hatte einige Sekunden gebraucht, bis er zu seinem empörten Rekurs ansetzte.

Ich will nicht bestreiten, daß der dicke Bauunternehmer ein Provokateur gewesen sein könnte, einer vom militantesten Lambsdorff-Flügel und bezahlt vom Bund Deutscher Unternehmer, der die »Facharbeiterlüge« im öffentlich-rechtlichen Fernsehen einklagen soll. Vielleicht ist Manfred F. auch eine unzumutbare Sklavenarbeit angeboten worden. Aber ganz klar ist es mir noch nicht: warum hat er das überraschende Angebot so abrupt, so entschieden, so wütend abgewiesen? Muß man solche Angebote in seiner Lage nicht wenigstens prüfen? Hat uns Manfred F. nicht schon in zwei Talkshows und drei Rundfunkdiskussionen und in einem Interview in einer Gewerkschaftszeitung sein Leben geschildert, seine Hoffnungslosigkeit, seine Tristesse, seine Selbstmordgedanken?

Er hat. Und gerade deshalb läßt uns eine Ahnung nicht los: Daß Manfred F. an seinem Schicksal hängt. Daß er sich darin eingerichtet hat. Seit fünf Jahren ist er zusammengewachsen mit seiner schäbigen Resopalküche, hat er sich zutiefst eingenistet im Ambiente aus Bierkästen, überquellenden Aschenbechern und der Tragödie mit seiner Frau. Die Bösewichter, die ihn nicht arbeiten lassen, die ihm keine Chance geben, aus dem Dreck rauszukommen, gehören zu dieser Idylle dazu. Es scheint, als bilde er eine öffentlich-rechtliche Symbiose mit ihnen, den Gegnern, den Bossen, den Ignoranten, die sich nicht um die Arbeitslosen »in unserer Gesellschaft« kümmern. Wie er da so sitzt in seiner braunen Nappa-Lederjacke und nervös seine Marlboro raucht, kommt er uns vor wie das fleischgewordene schlechte Gewissen der Nation. Ein Klagemonument. Und nun sagt gerade ein bärtiger Mann aus dem Publikum: ».. . daß wir alle hier ja noch nicht betroffen sind, aber jederzeit betroffen werden können von dieser Strategie der Unternehmer, das müssen wir doch einsehen!« Beifall. Manfred F. nickt.

Hier soll nicht gesagt werden, Arbeitslose könnten ja, wenn sie nur wollten. Die Lage ist komplizierter. Wir sind in dieser Talkshow soeben stille Beobachter einer geheimen Kraft geworden. Einer Art Lebenselexier. Einer Energie, die offenbar stärker ist als alle Sozialprogramme und Umgestaltungsprogramme und Arbeitsbeschaffungsprogramme und Wirtschaftsaufschwünge und Solidarischen Offensiven und Zukunftsmeisterungen und Deutschland-geht-es-immer-besser-Kampagnen und 35-Stunden-Wochen und garantierten Mindesteinkommen. Es ist dies offenbar eine Kraft, die unsere Gesellschaft besser antreibt als alle Konjunkturen und Keynesianismen und Exportoffensiven und Wendemanöver zusammen.

Die Rede ist von der Kraft des Nörgelns.

Das Nörgeln ist eine Kunst, die in den siebziger Jahren, dem Jahrzehnt des sozialdemokratischen Wohlstands, herangereift und in den Achtzigern zur vollen Blüte gelangt ist. Nicht, daß früher nicht genörgelt worden wäre. Aber die achtziger Jahre haben das Nörgeln vom Privileg einer Minderheit, von einer privaten Veranstaltung zum großen, öffentlichen Spektakel gemacht, zur öffentlichen Gymnastik, zur real existierenden Massenbewegung. Während noch in den fünfziger Jahren die Zustimmung und die Hoffnungsgesten den öffentlichen Diskurs beherrschten, sind die Zauberworte »Kritik«, »kritisch«, »Widersprechen« und »Ausdiskutieren« zum allumfassenden Credo geworden. Kaum ein Medium, kaum ein Gesellschaftsbereich, in dem nicht längst nach Herzenslust genörgelt würde. Die »Meckerecke«, eine der häufigsten regelmäßigen Sendungen des Norddeutschen Rundfunks, kann sich seit Jahren vor Hörer-Zuschriften nicht mehr retten. In den großen Zeitschriften dominiert längst der klagend-anklagende, der obrigkeitsfeindliche Ton, dessen Hauptzeile stets lautet, daß »die Behörden versagt haben« oder »die Politiker sich endlich mal kümmern müßten« oder »wieder einmal dieser unsägliche Zeitgeist herrscht, daß . . .«

Dabei ist das Nörgeln keineswegs immer nur dummdreist oder peinlich oder einfach nur klagend. Es ist oft, wie wir bei Manfred F.

gesehen haben, kompliziert, artifiziell, trickreich. Es hat sich eine schier unendliche Variantenvielfalt entwickelt.

Das gewöhnliche Querulantentum: Jeder Redakteur einer Zeitung weiß davon ein Lied zu singen. Von den ungerecht Behandelten. Den durch Polizeiwillkür zu Schaden Gekommenen. Von den unschuldig beim Falschparken Denunzierten, den von den Steuerbehörden Fertiggemachten, von Kredithaien Betrogenen, von Reiseveranstaltern Beschissenen, von der eigenen Frau schamlos erst Gehörnten, dann Verlassenen, schließlich mittels korrupter Anwälte finanziell Ausgepreßten, den von den eigenen Kindern Bestohlenen und vom Nachbarn mit Psychoterror Attackierten. Aus diesen Meisternörglern rekrutiert sich der harte Kern der Leserbriefschreiber, und genau gelesen sind Leserbriefe nichts anderes als ein einziges ausgebreitetes Nörgeln. Jeder kann hier kundtun, was ihm gerade nicht gefällt, unflätig einen Autor beschimpfen, den Staat, die Feministinnen, die Linken, die alles versauen, und die Rechten, die alles wenden und unsolidarisch machen wollen. Dazu kommen diejenigen, die eine geniale Erfindung gemacht haben, aber von der deutschen Industrie totgeschwiegen werden (»diesen Faschisten!«) oder von geheimen Sendern Stimmen in den Kopf gesendet bekommen. Nun entgleitet das Nörgeln ins Pathologische, und der Redakteur wird hilflos. Was tun, wenn der seit Tagen nervtötend anrufende Erfinder tatsächlich eine irre Erfindung gemacht hat? Was, wenn dieser verwirrten jungen Studentin keine Psychose, sondern tatsächlich irgendein Geheimdienst im Nacken sitzt? Die Chance ist gering, und wer viel mit der Nörgelkultur zu tun hat, stumpft ab. Er wird den Querulanten möglichst schnell abwimmeln und ihm etwas ganz Einfaches empfehlen: Er soll direkt an den Bundeskanzler schreiben. Was dieser sofort tut.

Das unverschämt-dumpfdreiste Nörgeln: Hartmut S., Innenarchitektur-Bauunternehmer aus Bergisch-Gladbach (Spezialitäten: Kegelbahnen, Spielhöllen, Peep-Show-Räume und Juwelierläden, die Geschäfte gehen nicht immer gut), trägt dunkle Sonnenbrillen und ein Toupet, ist fünfundvierzig Jahre alt und passionierter »Linksfeger« auf der Autobahn: er »fegt« mit seinem Targa bei 180 km/h mit Vorliebe Enten, Polos und Motorradfahrer von der Überholspur. »Die haben eh alle Aids, wie die schon aussehen!«

Hartmut S. ist bekennender obrigkeitshassender Anarchist. Erst neulich hatte er wieder einen Zusammenstoß mit den, wie er sie nennt, »grünen Schweinen«. Einen Motorradfahrer, der ihn provozieren wollte und bewußt mit nur 170 km/h an einer Lastwagenkolonne vorbeifuhr, touchierte er von hinten leicht mit der Stoßstange. Dem Motorradfahrer passierte nichts, es war wirklich nur ganz leicht, geradezu kunstvoll »berührt« worden, außerdem hatte Hartmut S. ja vorher mit der Lichthupe Signale gegeben und war deutlich warnend-dicht aufgefahren. Der Motorradfahrer jedoch war ein Polizist in Zivil, er sagte vor Gericht aus, er hätte einen Totalunfall nur unter »Aufbietung aller Fahrkünste und mit einer Riesenportion Glück« verhindern können. Folge für Hartmut S.: Führerscheinentzug für ein ganzes Jahr, da konnte selbst der Bekannte auf dem Landratsamt, der in Sachen Alkohol am Steuer einige Male Malheurs verhindert hatte, nichts mehr machen.

Wo kommen wir da hin, flucht Harmut S. in der Kellerbar seines Tennisclubs, wenn jeder, der ganz harmlos aussieht, sich als Zivilpolizist entpuppt?

»Ich bin ja im Prinzip für diesen Staat, aber das fängt an wie bei den Nazis, das sind ja Gestapomethoden! Da sagst du mal Arschloch, und schon hast du eine Beleidigungsklage! Da müssen strengere Gesetze her, die so einen Wildwuchs der Polizei verhindern! Überhaupt ist alles in Unordnung in Deutschland, den Arbeitslosen wirft man das Geld in den Rachen, kleine Unternehmer wie mich besteuert man zum Verrecken – und dann wundert man sich, wenn die Konjunktur schon wieder lahm wird! Am Anfang habe ich ja noch geglaubt, daß Kohl frischen Wind ins Land bringt. Aber der ist ja noch lahmer als eine Studentenente! Der kann sich doch nicht durchsetzen gegen die Lobbyisten von der Großindustrie und von den Grünen! Überhaupt die Grünen, diese Kriminellen, daß die überhaupt in die Parlamente dürfen! Wenn die drankommen, die machen doch aus deinem Chauffeur einen Spitzel, der deine Steuersachen checkt und dir keine Chance mehr läßt bei den wirklich lohnenden Sachen!«

Der Generalavantgardismus: Detlev D., kurze, schwarz glänzende Haare, trägt nur eine ganz bestimmte Sorte Trenchcoats, hört nur ganz spezielle Musik, benutzt nur ein ganz spezielles Männer-Deo, haßt Sport, trinkt nur eine einzige Sorte Tequila mit einer ganz besonderen Olivenart und wirkt, als würde er dauernd auf etwas draufbeißen. Er zieht seine Mundwinkel ständig nach oben in Richtung coole Arroganz, die Welt ist für ihn mit einem schwulstigen, dumpfen Sumpf von Mittelmäßigkeit zugeschissen. Besonders mittelmäßig ist der Musikgeschmack der Leute. Der normale jugendliche Affe aus dem Café um die Ecke kann keine klare, geniale Musik von einem Abba-Gestampfe unterscheiden, er dröhnt sich alles rein, was auf den Plattenteller fällt. Das zum einen. Zum anderen zieht der Durchschnitts-Popper-Alternativo-Punk den letzten Dreck an. Detlev D. weiß, wie man sich cool anzieht. Überhaupt sind alle außer Detlev D. Opportunisten, gehen in affige Bars, lesen gähnende Zeitungen, ficken bescheuert in der Gegend herum und fahren dann, igitt, nach Italien oder Spanien oder Frankreich. Detlev fährt nie weg, denn dann geriete er ins Hintertreffen, müßte irgendwo hingehen, wo es ihm nicht gefällt, in eine affige Bar, an einen affigen Strand. Vor allem, ja, vor allem hören diese Affen immer die falsche Musik. Abgegessenes, müdes, durchgekautes Pop-Zeug. Oder muffen in Alternativ-Kneipen bei Altbier vor sich hin. Besonders nervend sind diese Möchtegern-Yuppies, noch hohler als das Original. Und dann diese Idioten von den Zeitgeist-Magazinen, ekelhaft, ganz zu schweigen von den Ärschen bei Sternzeitspiegel, da könnte Detlev D. wirklich die guten Sachen schreiben, wenn er wollte, sie würden ihm das Manuskript aus der Hand reißen. Aber er will nicht. Er schreibt lieber in einer kleinen, ehrlichen, avantgardistischen Musikzeitschrift, und er schreibt ellenlange, auswuchernde Texte, die eh keiner versteht außer denen, auf die es ankommt, und das ist ja wohl genug, Hauptsache, es steht die Wahrheit drin, die einzig echte, tiefe Stil-Wahrheit.

Diese hochartifizielle Nörgel-Variante ist besonders in Großstädten verbreitet, sie entstand aus dem Subkultur- und Sub-Subkulturdschungel, der sich um die Popmusik entwickelt hat. Seine Betreiber haben immer seltsam dünne Lippen und finden nichts chic, aus Prinzip. Außer sich selbst. Ab und zu entdecken sie, daß eine bestimmte Frisur jetzt notwendig ist oder »Kommunismus« wieder eine Haltung. Daß Ihr Avantgardismus in Wirklichkeit ein negativer Opportunismus ist, daß sie also schlichtweg alles, von dem sie meinen, irgendeine imaginäre »Masse« (meist die Clique aus der Kneipe nebenan) fände es gut, einfach nicht mögen, fällt ihnen nicht auf. Ihnen reicht das Kontrukt »Masse«, sie leben in tiefster Symbiose mit ihr. Sie brauchen sie, um sich zu unterscheiden.

Das politische Nörgeln mit biographischer Dominanz (»Systemnörgeln«): Helga S., 35, wohnhaft in Hamburg, kinderlos, hat den gestrengen Gestus alternder Feministinnen. Sie läßt nicht locker. Sie läßt nicht davon ab, daß in dieser Gesellschaft keine Zukunft liegt. Sie haßt Mercedesfahrer; die sogenannten Linken, die heute Karriere machen, sind ihr täglich Hohn und Spott wert, sie findet Fußgängerpassagen zum Kotzen, Kaufhäuser nahe am KZ, und ihr Vermieter ist ein Schwein, dem sie es gerne mal sagen würde, aber dann fliegt sie raus. Sie kann Leute, die Geld verdienen und auch noch sagen, daß sie Geld verdienen wollen, nicht ausstehen, sie findet es zum Kotzen, daß der Karrierismus sich wieder breitmacht, besonders bei den Jugendlichen. Obwohl – und das tröstet wieder – die Jugendlichen nichts dafür können, denn die Werbeindustrie behagelt sie mit immer neuen Ansprüchen, drückt ihnen auch noch Computer ins Wohnzimmer, damit sie später einmal brav vorm Monitor sitzen als angepaßte Angestellte.

Helgas Freund Manfred, 32, hat ähnliche weltanschauliche Grundpatterns. Manfred verachtet besonders die Resignierten, die früher voller Engagement waren und jetzt politisch stumm geworden sind, die sich abgesetzt haben in die Spesenlokale und Beamtenjobs und Erbschaften und Zynismen – über solche Drückebergerei vor der gesellschaftlichen Verantwortung des einzelnen kann er stundenlang nörgeln. Manfred haßt die »Spezialdemokratie« wie die Pest.

Nun allerdings gibt es einige Probleme zwischen Manfred und Helga. Seit neuestem nämlich findet Manfred, daß die Grün-Alternative-Liste (GAL), deren Sympathisant er ist, »einfach versagt«. Sie müßte »härter« und »konsequenter« die »SPD unter Druck setzen«. Sie müßte eben auch einen konstruktiven Plan zur Machtübernahme in Hamburg entwickeln, das sind doch alles Stümper! Helga findet, daß in Manfreds Klage gefährliche Tendenzen mitschwingen. Soll man nur um des eigenen Jobs willen vergessen, was die Sozialdemokraten, diese Schweine, seit den Kriegskrediten angerichtet haben? Manfred lebt sei vier Jahren von einer ABM-Stelle der Arbeiterwohlfahrt, die vom SPD-Senat bezuschußt wird. Nun wird ihm mulmig ob des harten Kurses der GAL gegenüber der SPD. Bei der nächsten Wahl könnte die CDU drankommen. Und was würde dann aus seinem Job? Schon überlegt er sich, ob er in eine Initiative eintreten soll, die »klarere Tolerierungsrichtlinien« fordert. Helga würde so etwas nie tun. Sie ist verbeamtete Lehrerin.

Bei dieser weitverbreiteten Nörgel-Variante verwechselt der Nörgler sein persönliches Problem mit einem Gesellschafts-Schaden. Ein professioneller Systemnörgler etwa geht, wenn er Zahnweh hat, nicht zum Zahnarzt, denn er hält Zahnärzte für Beutelschneider. Wenn der Zahn eitert, geht er immer noch nicht zum Zahnarzt, läßt sich aber aus der Apotheke Schmerztabletten holen. Während er im allgemeinen auf die Pharmaindustrie wettert, weil ihre Pillen so stark und so tödlich wirksam sind, wettert er nun, weil sie so unwirksam sind. Geht er irgendwann zum Zahnarzt, schimpft er hinterher auf ihn, weil der Zahnarzt eine schmerzhafte, komplizierte Operation unternehmen mußte und damit natürlich ein Schweinegeld verdiente. So wird er es mit allen Institutionen machen. Er wird die Gerichte schmähen, aber wenn er von Neonazis verprügelt wird, ruft er sie natürlich an. Für den Systemnörgler sind »die Gesellschaft« oder »der Staat« eine Art Übermutti, die man ständig um mehr Gerechtigkeit / Lastenausgleich / mehr Bafög / mehr Menschlichkeit annölt. Falls der Staat / die Gesellschaft perfiderweise mal die Ansprüche erfüllt, kann man das Zauberwort »Dritte Welt« (sehr beliebt!) benutzen, um alles wieder als unmoralisch zu deklarieren – der Wohlstand, das Funktionieren sind dann nämlich nur ein Trick, um die armen Neger zu unterdrücken. Das Systemnörgeln ist besonders »schwierig«, weil vieles von dem, was dabei angeführt wird, ja durchaus richtig ist. Die Grenzen sind fließend zwischen einem allemal berechtigten Schimpfen und Fluchen auf die herrschenden Verhältnisse und dem Systemnörgeln als Lebenslüge.

Der Feuilletonismus: Eine Hochform der Nörgelkultur, denn sie umgibt sich mit dem Flair des Vornehmen. Eitelkeit ist erste Voraussetzung, das Leiden an der Welt adelt den chronischen Nörgler, der im warmen Stall seiner Redaktion sitzt und wortgewandt unter dem Zerfall der Sprache, der Kommerzialisierung der Kultur und dem Nichtvorhandensein des »Authentischen« in der deutschen Literatur leidet. Ungeheuer beliebt sind Klagen über das Verschwinden der

»Aufklärung« und die Krise, die »das kritische Bewußtsein derzeit erfährt«, den Zeitgeist also. Eine Unterform des feuilletonistischen Nörgelns herrscht an den Universitäten, man könnte sie »Seminarismus« oder »Soziologismus« nennen, und sie ist erstaunlich früh vergreist. Das wird jeder verstehen, der einen Zweiundzwanzigjährigen über den Materialismus der Jugend hat klagen sehen.

Das Nörgeln grassiert vor allem im »ideenverarbeitenden Gewerbe«. Aber nicht nur. Manche aktiven Literaten und Künstler sind bereits ihre eigenen Nörgelfeuilletonisten geworden. Vor allem als neuer deutscher Literat läßt es sich wunderbar posen: In einer dielenknarzenden, leeren, weißen Fünf-Zimmer-Wohnung zu leben und Gedichte zu schreiben, ist wohl die radikalste Absage an die blöde, sprachunfähige, lärmende, belanglose, nur-noch-Sprechblasen-produzierende, entfremdete, dem Untergang geweihte, ekelhaft pöbelnde Welt. Oder aber man wird gleich selbst zur grantelnden Nörgelinstitution.

Der Formenreichtum der Nörgelkultur ist schier grenzenlos, die feinen Nuancen sind hier nicht berücksichtigt. Aber nicht nur die Worte sind Teil der Neuen Nörgelkultur. Fernsehbilder, auf denen tote Fische den Rhein herunterschwimmen, sind natürlich bittere, skandalöse Realität, aber sowie sie im Gegenlicht aufgenommen und mit schwülstelnder Pink-Floyd Musik unterlegt werden, sind sie in das alles reinigende Ölbad des Nörgelns getaucht – und entziehen sich glitschig dem Zugriff. Sie werden zeitlos und erzeugen keinesfalls mehr das, was sie ursprünglich sollten – »Betroffenheit« –, sondern nur noch Selbstgerechtigkeit, schluchzende Untergangsromantik und »Wir-haben-es-ja-immer-schon-gesagt-Gefühle«. Die Kerngefühle jedes echten Nörgelns.

Sehr beliebt ist weiterhin die summarische Klage über den Untergang der Menschheit und des Planeten, in der ein Mega-Problem nahtlos in das andere übergeht wie die Siedlungen im Ruhrgebiet. *Aids, Atom, Automobil!* ist eine Variante, die längst vermasst und bis an die Stammtische vorgedrungen ist (wo seit jeher immer genörgelt, aber auch lustvoll gepöbelt wird). Sehr beliebt ist auch: »Es gibt in unserer Gesellschaft nur noch Kälte / Entfremdung / keine Menschlichkeit mehr.« Und gut kommt auch die hartnäckige Beschwerde darüber an, man werde als Bürger unmündig gehalten, nicht informiert – eine Nörgelklage, die grundsätzlich von gut informierten Menschen erhoben wird.

Oft funktioniert das Nörgeln nach dem klassischen Feindbild-Muster, und sein Götterbote ist das Gerücht. Wenn sich in einer bestimmten städtischen Peer-Group durchsetzt, daß, sagen wir, der Regisseur XY ein asthmatischer Versager ist, der obendrein mit kleinen Mädchen schläft, setzt sich diese Wahrheit schnell durch. Beliebt sind auch Korruptionsgerüchte, die zum Weltbilder-Streicheln ideal sind. »Diese XY-Zeitschrift wird in Wirklichkeit von YX bezahlt.« Oder: »XY hat seine Kohle, mit der er seinen Klamottenladen aufgemacht hat, aus einem Deal mit YX, bei dem es nicht mit rechten Dingen zuging. So kommen die Leute heute eben zu Geld . . .« Es gibt nichts haltbareres als ein Nörgel-Gerücht, eine Unterstellung oder Lüge, die so tut, als sei ihr Kern eine allgemeine und gerechte Klage über die Schlechtigkeit der Welt. Sie »adelt« das Gerücht und macht es erst richtig zäh.

Auf einer ganz »feinstofflichen« Ebene, dort, wo sich das Nörgeln zum Flüstern senkt, zum allgegenwärtigen »Meinung haben«, wird aus der großen Nörgelei das noch viel größere »Gut-und-Schlecht«-Spiel. Jeder betreibt es. Daß irgend etwas total gut oder total schlecht sei, daß Hanuta schmeckt, Hosen mit Schlag aber grauenhaft sind, die Zeiten von Cappuccino vorbei, die Bücher von diesem Autor toll und jener Politiker ein Pfundskerl, eine Unterhosenmarke langweilig und Hosen, Bücher, Ideen, Autos, Dichter, Zeitungen, Weltbilder »abartig« oder »angesagt« sind, dieses Gerücht, das sich immer aus dem Nörgeln an etwas »Negativem« (dem, was »out« ist) entwickelt – dieses Spiel verbreitet sich exponentiell. Es entsteht aus der Langeweile einer Wohlstandsgesellschaft, aus ihrem Überfluß, ihren überschüssigen Gedankenenergien. »Stil« oder »Meinung« nennt man die Endprodukte dieser universellen Gerüchte-Verdammungsmaschine, an deren endlosem Wirken längst die Zehnjährigen teilnehmen. Die sanft nörgelnde Gewißheit, daß dieser oder jener ein Arschloch, dieser Trend toll oder jene Klamotten total bescheuert sind – DAS regiert die Bundesrepublik, nicht Politiker, Militär und Polizei.

Doch halt! Wir geraten in Gefahr – wir laufen in eine selbstgestellte Falle. Wir beginnen, über das Nörgeln zu nörgeln. Wir spielen das Spiel mit. Wir sollten uns da lieber vornehm raushalten.

Sollten wir wirklich? Wer sagt das eigentlich? Welche moralische Instanz? Die Vermutung steht ja schon längst im Raum: Das Nörgeln könnte eine Produktivkraft sein. Es löst zwar keine Probleme, aber es schafft zumindest Identitäten via Abgrenzung – und Identität ist ein begehrtes Gut. Wie der Hund, der den Mond anheult, sich erst so richtig als Hund fühlt, wird der Nörgler erst zum Ich – zu einem, der partout keinen Frieden mit dieser Welt finden kann und gerade deshalb lebendig ist. Ist das Nörgeln ein anthropologischer Kern des Menschseins überhaupt?

Nein, hier soll keine neue Kritik-Moral entworfen werden; »nur wer seinen Garten selbst umgräbt, darf die chemische Industrie kritisieren« – wir kennen das, es dient einzig und allein dem Machterhalt derer, die zum Nörgeln keinen Anlaß haben, weil sie in wunderschönen Villen am Stadtrand wohnen. Es geht ›nur‹ um ein kleines bißchen Selbsterkenntnis. Wie wichtig die Fähigkeit, vor allem auch die *Möglichkeit* zum Nörgeln ist, merkt man, wenn es plötzlich keinen Chef mehr gibt – zum Beispiel in einem Alternativprojekt. Dann fehlt ein Ventil, dann macht sich der Innendruck der Gruppe in gegenseitigen Anschuldigungen, chronisch schlechter Laune und einem miesen, hinterfotzigen gegenseitigen Belauern und Beharken Luft. Wenn die Herrschenden ›gut‹ würden – die Gesellschaft bekäme eine Art Verdauungsbeschwerden. Worüber sollte dann noch genörgelt werden? Wenn »die da oben« selbst moralisch integer, human, besten Willens und entschlossen wären, uns zu helfen, wenn sie uns verstünden und schätzten – dann erst bräche die Hölle los. Wohin mit unseren täglichen Frustrationen? Wen knurren wir an? Wen machen wir verantwortlich?

Unser kollektives Nörgeln könnte unabdingbarer Bestandteil kollektiver Psychohygiene sein – wo genörgelt wird, da laß dich ruhig nieder. In südlichen Ländern gehört es seit jeher zum guten Ton, zu jammern und zu klagen, zu schimpfen und zu fluchen, was der Lebensqualität offenbar guttut. Respektlosigkeit, der Zerfall des Obrigkeitsdenkens – auch das drückt sich ja im Nörgeln aus. Daß das, was in den Siebzigern noch einer kleinen, radikalen und angefeindeten Minderheit überlassen blieb – das Herumnörgeln an »den Verhältnissen« eben – zum Massen-Volkssport geworden ist, sollte uns eher beruhigen. Es ist eine Tugend. Daß heute verbeamtete Staatsdiener radikale Parolen im Mund führen, daß der Studienrat sechsfünf Brutto, einen Bart und viele Pfeifen hat und den Herrschenden gegenüber enorm mißtrauisch ist, ist vielleicht peinlich, aber kein Verrat. Vor allem in Deutschland ist es ein gigantischer historischer Fortschritt. Wir können ja einfach, um es uns ein bißchen leichter zu machen, zum Nörgeln wieder »Kritisches Bewußtsein« sagen.

Der Nörgel-Bazillus, der dieses Land unwiderruflich befallen hat, hat einige wirklich witzige Eigenschaften. In stiller, aber um so zäherer Arbeit bringt er stets und unweigerlich das Gegenteil von dem hervor, was er vorfindet. Herrscht die alternative Gemütlichkeit im Lande, nörgelt »es« so lange daran herum, bis sie fad und abgedroschen wirkt und als kultureller *Mainstream* wieder ausfällt. Hat die Neonkälte Herzen und Seelen mit ihrem Rauhreif überzogen, wird sich zwangsläufig ein Heer neuer Nörgler finden, die dem Glanz der Kälte hartnäckig jede Berechtigung absprechen. Findet der Bazillus einen funktionierenden Sozialstaat vor, in dem zwar alle versorgt, aber niemand herausgefordert ist, wird er sich schon Schweinereien und böse Unterstellungen genug einfallen lassen, um das schöne Werk so richtig in den Dreck zu ziehen. Ist endlich jeder seines Glückes Schmied in der freiesten aller Marktwirtschaften, wird der Chor der Nörgler übermächtig werden: Die ökologische Wende, die sanfte Anarchie, das Neue Zeitalter des Wassermanns, die sozialdemokratische Erneuerung oder der geistig-moralische Käse – kaum kommen gute neue Ideen auf den Plan, werden sie schon von Tausendschaften eifriger, geschwätziger Intellektueller und Nicht-Intellektueller so kräftig benörgelt, daß bald keiner mehr Lust auf ihre Realisierung hat. Der Nörgel-Bazillus ist ein dialektisches Wunderwerk. Es verhindert Wenden – jedweder Art. Es nagt immerzu am Konsens – und bietet doch selbst einen tragfähigen Konsens an. Es setzt uns alle ins selbe Boot. In das Boot der ewig Unzufriedenen. Eine Volksfront vom Apotheker bis zum Freak, vom Kanzler bis zum linken Lehrer.

Nein: Die Nörgelei ist ein Luxusgut, das man hegen und pflegen muß. Eine große Botschaft ist verstanden worden: Man muß nicht der treueste Ehemann der Welt sein, um das allgemeine Herumgevögel zu kritisieren. Auch als fauler Mensch hat man das Recht auf Kritik und Faulheit, auch als kleiner Umweltschweinigel, der sich keinen Katalysator-Wagen leisten kann, darf man die chemische Industrie attackieren. Niemand hindert uns, über Ausländer oder Deutsche, die Regierung oder die Penner auf der Straße, über die mangelnden Utopien in diesem Land oder das Überhandnehmen der Autobahnen, die Kälte im mitmenschlichen Umgang oder das ständige blöde Hippie-Gemenschel, das ständige Versagen der Behörden oder den chronischen Mangel an Selbstverantwortung, über den Mangel an Stil oder den blöden Zeitgeist, die tödlichen Gifte in der Luft oder die Umweltverbesserer, die die Wirtschaft blockieren, die rechten Wende-Apostel oder die linken Zersetzer, Hippies, Punks, Unpolitische, Jugend, die Bauern, Schwulen, Nachbarn, Ehepartner, Handwerker, treulosen Familienmitglieder, faulen Beamten oder was auch immer nach Herzenslust zu nörgeln.

Ab und zu jedoch sollten wir innehalten. Die Stunde der Wahrheit naht für jeden, wenn er einmal, nur zum Spaß, eine bescheidene Stunde lang mit den Vorwürfen gegen seine Umwelt aufhört. Dann beweist sich, ob er ein trauriger Lebensdelegierer ist, der sich ohne die chronische Klage in ein stummes Nichts auflöst, in einen hohlen Schatten der Verhältnisse. Oder ob es etwas gibt wie Substanz, produktives Denken, Erfindung, schöpferische Arbeit.

3.
Geniale Versager
Porträt einer neuen Generation

»Man hat es, aber redet nicht drüber«
Mein Vater, 1970

»Money, Get away«
Pink Floyd, 1978

»Alle reden über das große Geld. Wir sind es!«
Klospruch in einer Neon-Kneipe, 1987

»Ihr zwingt mich dazu, Revolutionär zu werden«
Ich, 1972

»Ich laß mich doch nicht zum Idioten machen.
Zum Revoluzzer oder so.
Ich bin ein Genie. Na ja, zumindest ein Talent«
Martin, 17, heute

Mein Freund B. ist ein sanfter, ein sensibler Musiker. Wie alle sanften und sensiblen Musiker ist er in anhaltende und heroische Kämpfe mit kaputtem Equipment, fehlenden Gigs, astronomischen Schulden, drängenden Träumen und einem riesigen Wust von Lebensunpäßlichkeiten verwickelt. Wie fast alle seiner Generation – er ist 32, hat seine wilde Zeit also in den Siebzigern erlebt – besteht sein Leben aus vielen, vielen Anfängen, chronischen Selbstzweifeln (die sich manchmal zu Depressionen auszuwachsen pflegen) und jeder Menge Affairen, so heftig wie hoffnungslos. Es ist nicht so, daß er einfach ein lebensunfähiger Chaot wäre, im Gegenteil, er kann ungeheuer streng sein, diszipliniert und konsequent. Aber kaum hat er irgendwo Land unter den Füßen, ist eine Wohnung fertig eingerichtet, hat er eine Stelle bekommen . . . Sein Leben bleibt ein institutionalisiertes Provisorium, er ist unfähig sich festzulegen, sei es auf Verzicht oder Leistung, Romantik oder Vernunft, Treue oder Wilderei – und genau das macht ihn so sympathisch.

Ich hatte ihn lange nicht gesehen und so besuchte ich ihn auf meiner Reise. Und freute mich sehr, als er mir gestand, er habe sich verliebt. Endgültig. Unsterblich. Da gebe es eine Frau, die nun wirklich und endlich mindestens die nächsten Lebensjahre geschenkt bekomme. Keine von diesen tragischen Hennahaar-

Frauen aus seiner Generation mit der psychologischen Endlos-schleife, auch keine rührende Endlos-Studentin mit Apfelsinen-kisten-Ewigkeiten im WG-Zimmer, das einer Kemenate für Strick-waren gleicht. Aber auch keineswegs eine dieser neuen Neon-Tussis, die in ihrem eigenen Narzißmus ertrinken. Anna hatte etwas Mondänes, ja Aristokratisches, trotz ihrer 24 Jahre, wenn sie mit B. am Tresen stand in ihrem italienischen Kostüm, mit ihrer Zigaret-tenspitze und der Gestik der grande dame – aber sie war auch einfach irgendwie lustig. Und sie hatte etwas, das B. inzwischen durchaus goutieren konnte – Geld, war weder dumm noch arro-gant, wie manch andere Tochter aus gutem Hause, die als Kind schon in den großen Sahnepudding gefallen ist. Sie schien sich so ziemlich für alles zu interessieren, für Castaneda und Vergil, für alte Chanson-Platten aus den zwanziger Jahren oder Diskurse über Metaphysik. Nicht, daß sie von allem etwas verstand. Aber B. erlebte zum erstenmal seit Jahren den Genuß, daß ihm zugehört wurde. Eine aussterbende Kunst, die Anna mit Meisterschaft be-herrschte. Sie saß ihm in Eisdielen, Restaurants, in U-Bahnen und auf Parkbänken gegenüber und hörte zu. Endlos. Neugierig. Immer konzentriert, intelligent nachfragend, aber nie bohrend, negato-risch. »Sie ist ein Geschenk der achtziger Jahre an die Siebziger«, pflegte B. zu sagen. »Sie beherrscht Tugenden, die wir entwickeln wollten, aber nicht konnten, und die erst in diesem Jahrzehnt so richtig zum Zuge kamen – eine gewisse Bestimmtheit, Resolutheit, eine Kontur. Aber gleichzeitig hat sie die Neugier der Siebziger.« Und: »Ist Dir das auch aufgefallen? Daß kein Schwein mehr zuhö-ren kann? Daß in jedem Gespräch eigentlich jeder nur darauf wartet, daß der andere ausgeredet hat, um endlich seinen eigenen Senf, seinen eigenen Narzißmus-Scheiß loszuwerden!«

Was B. grämte, aber um so beharrlicher machte, war, daß Anna ihn hart auf Distanz hielt. Erst einmal hatte sie mit ihm geschlafen, und auch das schien eine seltsam flüchtige Begegnung gewesen zu sein, wie ich aus seinen Andeutungen entnahm. Wenn er in ihrem Drei-Zimmer-Appartement – er weiß bis heute nicht, wo es war – anrief, hob sie nie ab. Sie wollte ihn anrufen, sie wollte bestimmen, wann sie sich sahen. Nachts, nach ihren ausgiebigen Kneipenbesu-chen, küßte sie ihn heftig – und ging dann, ohne ein Wort zu sagen, nach Hause.

Ich fuhr weiter. Als ich drei Wochen später wieder in B.'s schöne, fachwerkrenovierte Universitätsstadt kam und ihn besuchte, sah ich sofort, daß etwas geschehen war, das B.'s Leben verändert hatte. Er war weder sanft noch sensibel. Er war fix und fertig. Und er erzählte eine lange, eine unglaubliche Geschichte.

Es fing mit scheinbar unzusammenhängenden Merkwürdigkeiten an: Eines Tages rief Anna plötzlich aus einer Klinik an. Nein nein, es sei ihr nichts schlimmes passiert, er solle sich keine Sorgen machen, eine kleine Schönheitsoperation, nichts Bedeutendes. Ob er ihr nicht für die Zeit im Krankenhaus sein Cello ausleihen könnte? Sie hätte früher, als Bürgerkind, das Instrument spielen gelernt, und nun hätte sie viel Zeit. B. fuhr hin, sie lag tatsächlich in einem Verband, der ihr halbes Gesicht verdeckte.

Zwei Wochen später kam sie in Tränen aufgelöst bei ihm vorbei: jemand habe ihr am Morgen die komplette Kameraausrüstung geklaut, und sie müsse übermorgen Fotos auf Kreta machen, für eine Illustrierte. B. kannte ihre Fotoausrüstung, eine teure Pentax mit vielen Objektiven, Anna schien ganz gut vom Fotografieren zu leben, Mode und so, nebenbei war sie noch Model oder so, so genau hatte er das nie herausgekriegt, sie haßte es, über Geld und Geldverdienen zu reden. B. kratzte seine Ersparnisse zusammen, lieh von Freunden, die Versicherung würde später zahlen. Anna fuhr nach Kreta. Sie blieb lange. Länger, als sie gesagt hatte.

Eines Abends – sie hatte sich immer noch nicht gemeldet – traf B. sie plötzlich in ihrer gemeinsamen Lieblingskneipe. Sie stand mit einem Mann an der Bar und redete, schien auf den ersten Blick überrascht, ja erschrocken, aber dann kam sie zu ihm herüber, umarmte ihn und erzählte in wahren Wortkaskaden, sie sei erst gestern nacht zurückgekommen und habe noch keine Gelegenheit gefunden, ihn anzurufen, Kreta sei wunderbar gewesen, phantastisch, in einem Kloster habe sie geknipst, und Du, die Mönche konnten dort *Sanskrit*, kannst Du Dir vorstellen, *Sanskrit*. Aber sie liebe ihn. Ja doch. Bei diesem Wortschwall drängte sie ihn quer durch die Bar in die entlegenste Ecke, es kam B. merkwürdig vor. Nein, der Typ an der Bar sei nicht ihr Liebhaber. Dann laß uns doch an die Bar gehen, sagte B. Plötzlich wollte sie gehen. Sie sei müde von der Reise, sie wolle schlafen und lieber am nächsten Tag mit ihm ausgehen.

Am nächsten Tag hielt er es nicht mehr aus. Er ging zu ihrer Wohnung. Im Haus hatte noch nie jemand von ihr gehört. Am

Abend traf er in der Kneipe nicht Anna, aber den Typen vom Vortag. Er war Fotograf. Er hatte ihr vor zwei Monaten eine teure Kameraausrüstung geliehen. Eine Pentax. Die sei ihr auf Kreta geklaut worden. Aber die Versicherung werde ja zahlen. Und außerdem habe er Anna Geld geliehen, weil ihr bei einem Autounfall ihr geliebtes Cello zerstört worden sei – und sie sei ja schließlich Cellistin. Er habe sie nach dem Unfall zweimal in der Klinik besucht. Ja, er sei in Anna verliebt. Nein, bei ihr zu Hause sei er nie gewesen.

Die beiden einsamen Männer am Tresen brauchten die ganze Nacht, um das Puzzle zu entwirren. Die Kamera hatte zweimal Geld gebracht – einmal hatte Anna sie irgendwo verkauft, das andere Mal hatte B. ihr Geld dafür gegeben. Ebenso das Cello. In den nächsten Tagen recherchierten die beiden Betrogenen, B. fand mit viel Aufwand die Telefonnummer von Annas Eltern heraus. Eine müde, alte Stimme am anderen Ende sagte, daß sie mit ihrer Tochter nichts mehr zu tun haben wolle. Sie fanden den Arzt aus der Schönheitsklinik, der ihre Operation kostenlos durchgeführt hatte und für den sie ein tragisches Callgirl war, dem von einem gemeinen Zuhälter die Wohnung ausgeräumt worden war. Sie fanden einen Psychologen, der ihr ebenfalls auf den Leim gegangen war – für den war sie eine Tänzerin. Und einen Buchhändler – aus dessen Buchhandlung stammte das teure Buch, das Anna B. zum Geburtstag geschenkt hatte. Es war ein perfektes Puzzle. Sie lieh sich von dem ersten Mann, was sie für ihre zweite Identität brauchte – und so fort. Ein geniales Rollenkunstwerk, aber ein Kunstwerk mit dem Hang zur Verschachtelung, zur zunehmenden Komplikation.

Kein Wunder, daß Anna verschwunden blieb – die komplizierte Balance ihres Spiels hatte in B.'s Stadt ernsthaften Schaden genommen. Erst Monate später hörte B. etwas von ihr. Sie trieb in einer anderen Stadt ihr Unwesen. Keiner der Männer zeigte sie an. Es war ihnen peinlich. Sie wollten es sich nicht eingestehen. Oder sie waren verheiratet.

So zeigte sich allmählich die Kontur einer aberwitzigen, fast genialischen Überlebensweise. Anna ist in Wirklichkeit das Kind einer Arbeiterfamilie und beim Sozialamt als Hilfeempfängerin gemeldet. Sie agiert mit mindestens 10 Männern pro Stadt – solange, bis das Pflaster zu heiß wird. Sie verdient mit ihrem Rollenspiel ca. 10 000 DM im Monat – steuerfrei. Das hat seinen Preis. Ab und zu landet sie in der Nervenklinik. Wenn jemand sie enttarnt, bricht sie zusammen, weint hemmungslos, kratzt sich die Arme blutig, leidet – und bereut. Sie hat Männern auch schon alles gestanden, die ihr auf die Schliche gekommen waren – und die liebten sie nun erst recht.

»Man kann ihr nicht böse sein«, sagt B. »Sie spielt ja keine Rollen, sie *ist* ihre jeweilige Rolle. Sie spielt nicht nur die sensible, kluge Frau, sie ist es. Kein bißchen kalt oder berechnend.«

Eine modernisierte Form von Heiratsschwindel? Eine bewundernswerte, ja geniale Virtuosin auf dem Klavier männlicher Wünsche? Machen wir uns nichts vor: Anna ist ein Borderline-Fall – in den Kliniken, in denen sie war, lauten alle Diagnosen: psychotische Schübe. Sie versteht jedoch ihr Handwerk besonders gut – sie spielt exakt mit dem Gestus, der heute ankommt – und in diesem Sinne ist ihr Betrugsspiel tatsächlich meisterhaft. Die vielen anderen Sozialfälle, die durch die Städte treiben, die Fixer und Flippies, die Manischen und Verrückten, die Schizos und Schnorrer beherrschen diese Meisterschaft nicht. Auch sie überleben, aber längst nicht so komfortabel. Ihre Überlebenslogik ist grober. Sie sind Ideologen. Oder Blender. Auch sie beherrschen das Spiel mit dem Mitleid – fast jeder von uns hat schon einmal den berühmten »netten Typ« in der Wohnung gehabt, der sich bald als Junkie entpuppte und erst nach nervtötenden Wochen mit der Haushaltskasse oder dem Portemonnaie verschwand.

Wo exakt verlaufen die Grenzen zwischen Genialität und Verelendung? Die Frage klingt, als wäre sie einfach zu beantworten. Heute wie damals muß man sich zum Studium etwas dazuverdienen, heute wie damals steht man im Spagat zwischen Träumen und Notwendigkeiten. Aber beim näheren Hinsehen erweist sich in den achtziger Jahren nicht nur der Junkie als Überlebenskünstler. Da ist kaum einer zwischen siebzehn und dreißig, der im Dschungel dieses Jahrzehnts ohne virulente Lebenslüge auskäme. Ohne das große Illusionstheater. Ohne jene schulterklopfende Selbstkumpelei: Du wirst es schaffen.

Nehmen wir Gabriele, siebenundzwanzig, die Tänzerin aus Wuppertal. Sie tanzt, zehn Stunden am Tag und mehr. Sie tanzt unter dem Beifall der Rentner in der Straßenbahn, sie fährt manchmal nachts mit der Schwebebahn in die Vororte hinaus und tanzt, sie tanzt im Supermarkt, in der Fußgängerunterführung, im Bahnhof, während im Kopfhörer ihres Walkmans klassische Musik schmettert. Sie tanzt Klassik-Ballett, wo sie geht und steht, egal, wie sie aussieht. Meistens trägt sie eine Latzhose. »Das Tanzen ist etwas, woran ich mich festhalten kann, eine Disziplin, die die Welt ordnet«, sagt sie. Und: »Ich liebe Luxus. Aber in dieser Welt mußt du die Mentalität eines Zuhälters, eines beinharten Heroindealers haben, um Kohle zu machen. Das fehlt mir. Also bleibe ich arm. Und leiste mir den Superluxus des Tanzens.«

Luxus, in der Tat. Zum Tanzen ist Gabriele eigentlich zu dick und längst zu alt: Sie hat mit zweiundzwanzig erst eine richtige Ausbildung angefangen, »mindestens zehn Jahre zu spät«. Um ihre Leidenschaft zu verwirklichen, hat sie erstmal mit kleinen Jobs überlebt, nachdem sie nach der elften Klasse vom Gymnasium geflogen war und ihre Eltern (»Die haben so wenig gecheckt, daß es einfach nur weh tat«) verließ. »Da dachte ich dann – Wohngemeinschaft, na klar, das läuft. Von wegen. Das ging damals alles schneller in die Brüche, als es überhaupt anfing.« Damals, das war das Ende der Siebziger, und Gabriele war siebzehn. Zwei Jahre lang hauste sie mit Freund und vier Katzen in einer Wohnung von zwölf Quadratmetern. Nudeln, Nudeln und nochmals Nudeln und kein Geld zum Heizen. »Wir haben die Hintereingänge der Supermärkte abgegrast, die Kisten zersägt und den Boiler im Bad damit geheizt. Dann haben wir uns ins heiße Wasser gesetzt. Stundenlang. Tagelang. So muß das im Krieg gewesen sein.« Und sie lacht ihr Vollmondlachen.

Später bewarb sie sich an der Filmakademie, boxte sich durch, gab nicht auf, wurde unter fünfhundert Leuten ausgesucht. Sie machte bald, weil ihr das stupide Lernen der Techniken zu langweilig war, experimentelle Trickfilme. Als sie bei einem Schulfest ihren Zeichentrick-Streifen »Was geschah in Wixtown Valley?« vorführte, wurde sie auf der Stelle gefeuert. Sie sang dann im Freak-Chor von Castrop-Rauxel, der Pfarrer und Dirigent war »echt ein erleuchteter Verrückter«. Sie verspielte ihr Geld auf den Trabrennbahnen des Ruhrgebietes, geriet in LSD-, Koks-, Speed- und Taxi-Fahrer-Melancholie, in den Kreislauf zwischen Mager- und Freßsucht. Und irgendwie, wie durch ein Wunder, scheint ihr all dies nicht geschadet zu haben. Heute lebt sie mit drei Frauen zusammen in einer kleinen Drei-Zimmer-Wohnung, immer noch sind es vier Katzen. »Ich kann eigentlich keine anderen Leute ab«, sagt sie. »Ich würde furchtbar gerne alleine wohnen. Aber ich liebe sie alle!«

Die Ökonomie: Gabriele hat 720 Mark im Monat, durch Taxi-
fahren und Kneipenjobs. 450 Mark kostet die Tanzschule. Daran
gibt es keine Abstriche. 250 Mark das Zimmer, 80 Mark das
Telefon, 70 Mark ihr Anteil am gemeinsamen Auto, das ständig
kaputt ist. Chorus Line, die Wirklichkeit. Und wie soll das gehen?
»Für 50 Mark Käse klauen, am Wochenende, das ist das mindeste,
und wenn ich Schuhe will, gehe ich in den Laden, ziehe sie mir an
und fertig – raus.« Gewissen? Probleme? Sie guckt ungläubig, ihre
runden Augen werden zu kleinen Schlitzen: »Ich habe schließlich
als Erdenmensch Anspruch auf Schuhe, oder? Aus mir wird nichts,
das haben meine Eltern schon gesagt. Recht haben sie! Weil ich
schon was bin. Was hast Du gesagt? Eine chronische Verliererin?
Ein potentieller Sozialfall? Zeige mir das Sozialamt, das ich jemals
von innen sehen werde! Ich habe Spaß am Herzklopfen, und in den
Achtzigern geht endlich alles. In den Siebzigern muß alles verbissen
gewesen sein, so kaputt, so zu. Nein. Es ist okay. Die Tanzstunde
hat mich genommen. Die nehmen nicht jeden. Ich kann keine
Verliererin sein!«

Die alte, trotzige Armutsideologie der siebziger Jahre? Eben
nicht. Da ist kein Gran von Armutsverherrlichung. Lieber heute als
morgen hätte Gabriele all das, was in den Siebzigern in den kreativen Subkulturen noch als Teufelszeug gegolten hätte: Geld, Ruhm
und Wochenendreisen auf die Bahamas. Ihre Lebensform ist nicht
ideologisch abgesichert. Sie ist fanatisch kreativ. Und individuell
bis zum Extrem.

Gabriele lebt eine moderne Würde, die nicht leicht durchzuhal-
ten ist. Die eingeklemmt ist zwischen – einerseits – die unerbittlich
wachsenden Ansprüche, die Luxus-Normen der Großstadt-Sze-
nen, die seltsam strengen Mienen, wenn man in den metropolitanen
Cliquen die Pizzeria vorschlägt, statt wie selbstverständlich den
Chrom-Italiener anzusteuern, und – andererseits – die alltägliche
Realität der Umschuldungen, Kontoverschiebungen, zermürben-
den Briefwechsel mit Banken und Freunden, von denen man ein
paar Hunderter geliehen hat – irgendwann. Neue Armut?

»Von den Armut-Typen hier unterscheidet mich mein *Kopf* und
eine ganze *Welt*«, sagt Rudolf. Ein überlanger Kerl knapp über
zwanzig, immer in schwarzen Flohmarkt-Anzügen mit zu langen
Ärmeln (Absicht) und Rasierschnitten im Gesicht (angeblich keine
Absicht). Mit »Sozialtypen« meint er seine Nachbarn, denen er

ganz nah und doch so fern ist; der graue Trinker mit Frau und Kind, die Putzfrau, aus der DDR freigekauft und ans Sozialamt geraten, die Plüsch-Kleinfamilie mit dem scheußlich fetten Pudel nebenan, wo der Mann die Frau noch prügelt – Rudolf hört es nachts durch die dünnen Wände. »Vor allem wenn der Hund jault, möchte ich die Bullen rufen. Aber Bullen rufen ist Scheiße.«

Wie es ihn hierher verschlagen hat? In diese Klinker-Sozialbauwohnung am Rande der Stadt, wo seine einzige Hoffnung die nahe U-Bahn-Haltestelle ist, die ihn in fünfzehn Minuten ins Zentrum bringt? Er zuckt die ellenlangen Achseln: »Es gab nichts anderes. Nicht für 400 warm. Eine WG wäre für mich so 'ne Art Privat-KZ.« So wohnt er hier, seit er siebzehn ist: in eineinhalb kahlen Zimmern, in der Küche steht eine elektrische Kochplatte auf dem Boden und daneben ein riesiger, amerikanischer, runder Kühlschrank wie eine Wurlizer-Box, drinnen beleuchtet grünes Neonlicht ein Stück vertrockneten Käse. Im einzigen bewohnbaren Zimmer eine Matratze auf dem Boden, eine kleine Stereoanlage und ein alter Farbfernseher, vor dem er das Gehäuse entfernt hat (acht oder neun nackte Lautsprecher hängen wie die einzige Glühbirne an abenteuerlichen Kabeln von der Decke), Rudolf nennt das »Echt-Stil«. Er ist einer von denen, die einem auf amüsante Weise auf die Nerven gehen – durch ihre überzogenen Gesten, ihre hundertfach geprobten Sprüche, ihre fanatische Selbstinszenierung – und doch könnte man jemandem wie Rudolf nie böse sein.

Seine Geschichte dürfte typisch sein, und er erzählt sie lapidar, minutiös, altklug und bereits komplett interpretiert: »Mit sechzehn hatte ich eigentlich vor, links und rebellisch zu sein. Aber auf dem Gymnasium merkte ich, daß die Sache vorbei war. Die Leute waren voll auf dem Lakotze-Trip und fuhren in Muttis neuem Polo vor. Mein Vater war Ingenieur, und irgendwann hat es ihn andersherum erwischt. Ich weiß noch, wie das war: In den Siebzigern, da gab's zu Weihnachten alles, riesige Carrera-Kisten und teure Klamotten und Stereoanlagen. An den Beginn der Achtziger erinnere ich mich vor allem wegen meiner ersten Freundin und daß es nur noch einen neuen Rührmix und ein Hemd gab. Da ging der Luxustrip richtig los, nur ohne mich.«

So ganz kann er sich auch heute noch nicht verzeihen, daß er Geld von seinen Eltern geklaut hat – eine Menge Geld im Lauf der Zeit, aber sie konnten es ihm nicht nachweisen. Mit siebzehn zog er

58

aus – und hatte eine Krise. »Ich weiß nicht. Ich war irgendwie
lebensunfähig. Meine Eltern kamen mir unheimlich alt vor, aber in
Wirklichkeit waren sie sehr bemüht. Ich konnte nicht sauer auf sie
sein, sie verstanden *alles*, sie versuchten ständig, mir in die Birne zu
gucken. Ich mußte weg, und ich konnte ihnen noch nicht einmal
einen Grund dafür angeben. Das hat sie fertiggemacht, mehr, als
wenn ich irgendwie realen Terror veranstaltet hätte.«

Sein Blick schweift ab zu der kahlen Birne an der Decke. Oben
drüber, bei den »Sozialtypen«, rumst etwas, dann folgen Schleifge-
räusche. Rudolf, der New-Wave-Existentialist, spielt heimlich
Lotto mit System – ein Freund hat einen Computer, da rechnen sie
sich das aus. Rudolf lebt derzeit von 50 Mark freiem Geld im
Monat – numerisch. »Das Aldi-Prinzip. Aber lieber Scheibenkäse
als aufs Sozialamt, ich seh das ja hier, was das für Mumien werden.«
Einen Job? Eine Lehre? Aufs Arbeitsamt gehen und sich mal erkun-
digen? Er hat schließlich genug Freunde, warum nicht mal einen
Job in einer Kneipe? Er sieht mich mit seinem melancholischen
Verachtungsblick an. Na klar, aber das bringt es alles nicht. Entweder das *ganz große Ding* oder gar nichts. Er hat schon viele
Sachen versucht, er hat mal als »Elektriker in einer Band gespielt
und einen Haufen Geld verdient«, auch mal versucht, geklaute
Autoradios zu verscherbeln, aber nie wieder, »denn da versiffst du,
psychisch, da wirst du wie die. Lieber das Leben lang Echtstil.«
Und er zeigt nach oben. Und sagt: »In der Stadt, da gelte ich als
irgendwie edel.«

Die Stadt – das ist seine Clique, ein loses Netz aus Freunden, die
aber nicht wirklich Freunde sind, sondern ein Überlebenskonglo-
merat. Tatsächlich gilt Rudolf hier als »ziemlich cool«, und so sehr
man auch auf Outfit achtet, Rudolfs soziale Fähigkeiten werden
geschätzt. Da ist Sabine, die »eindeutig auf *Model* zusteuert« (bereits drei Fototermine). Sie wohnt in einer geradezu luxuriösen
Fabrikhalle, der Boden ist aus einem schreienden Marmor-Imitat,
für den hat sie das Geld »von meinem Omilein, der hab ich gesagt,
daß ich immer so friere an den Füßen, und daß ich nen neuen
Fußboden brauch«. Es ist unglaublich kalt in dieser Fabrikhalle in
einem Hinterhof, selbst im Hochsommer, und allein für die drei
Elektro-Radiatoren gibt sie an die 500 Mark Stromkosten in der
Übergangszeit, 1000 im Winter aus. Das finanziert sie mit einem
totalen Verzicht auf Urlaub und der Ernährung fast ausschließlich

durch Milchprodukte, die sie von einem Schwager, der in einer Molkerei arbeitet, umsonst bekommt. Sie weiß alles über die segensreichen physiologischen Wirkungen der Milch – daß man von Fleisch krank, von Gemüse dumm und von Kohlehydraten fett wird, ist ihr ständiges Credo. Ab und zu macht sie eine Butter-Kartoffel-Kur, weil sie zu mager ist für die Fotos, die man von ihr machen möchte. Dann ist da Hannes. Er ist bekannt für seinen röhrenden Austin von 1954, rot, poliert, topfit. Hannes dealt mit allem. Bürobedarf. Ölfarbe für Künstler. Billigflüge nach Amsterdam. Lautsprecherboxen. Er ist an die dreißig und betreibt, wie er sagt, »circa fünf Ge-em-be-Hahs. Da kann man alles absetzen. Alles. Auch das hier« – und er zeigt auf seine schwarzweißen scheußlich spitzen Doc-Martens-Schuhe, die ihm das Finanzamt angeblich als Berufskleidung als Vertreter für Doc-Martens-Schuhe anerkannte. Und Ritchie. Ritchie ist die teuerste von allen. Sie steht auf Nietzsche und trägt ständig Klamotten für mindestens 2000 Mark, aber sie klaut nicht, wenigstens nicht die Klamotten, denn »dann könnte ich sie nicht anziehen, dann wären sie nichts wert für mich.« Nur die viele Schminke läßt sie mitgehen. Sie hat vier verschiedene Jobs. Sie hilft in einem Friseursalon, bedient in einer Kneipe, steht als Aktmodell in der Volkshochschule und verkauft selbstgemachten Silberschmuck. Job Nummer fünf ist das Arbeitslosengeld.

Ein Puzzle-Lebensstil: Aus den Siebzigern ist das moralische Kreativitäts-Ethos geblieben, die Abneigung gegen alle Routine, gegen Anpassung und Norm ist eher noch gewachsen – die Leute aus Rudolfs Clique würden in jedem noch so kreativen Alternativprojekt vor Langeweile sterben. Aus den Achtzigern beziehen sie ihre Lust am Luxus, die aber auf seltsame Weise vom puren Geld losgekoppelt ist, und ihre schier grenzenlose Sehnsucht nach Aufmerksamkeit. »Genial sein«, das heißt eben auch: Bewundert werden. Jemand sein. Streicheleinheiten. Verschieben, ergänzen: man spart exzessiv am einen, um das andere exzessiv zu betreiben, um *das Große* zu finden. Der Spruch von der Unkommunikativität dieser Szenen, der sozialen Kälte, ist pure Projektion. Die neue Kreativität des Überlebens ist zwar entschlackt vom kollektiven Kitsch früherer Jahre – keine Gruppe, keine »Bewegung«, kein ideologisches Wir-Gefühl federt mehr den Konflikt des einzelnen mit der Umwelt ab, vonnöten ist jedoch vor allem *ein* Produktionsmittel: ›Connections‹. Die richtigen Leute zum richtigen Zeitpunkt kennen: Selten war die Szene so »vernetzt«, so mobil und offen wie heute. Und selten so kommunikativ. Auch wenn die Kommunikation nicht mehr Ziel, sondern eine Art Überlebens-Mittel ist.

»Ich mach mir da keine Illusionen«, sagt der schlaue Rudolf. »Dieses miteinander Rummachen ist keine Nächstenliebe, da will jeder was haben. Aber das ist auch wie auf dem Drahtseil ohne Netz. Du kannst dich heute nicht mehr in deinem selbstgestrickten Pullover verstecken. Aussteigen ist Quatsch, wir sind sowieso längst draußen. Das ist eher wie ein Dschungel, wenn du irgend etwas machen und nicht irgendwie versauern willst als Buchhalter oder Bankarsch. Du mußt Konturen annehmen, dich zeigen, irgendwie so was werden wie ein . . . ein *Aristokrat*.«

Eine Mischung aus Größenwahn und Eloquenz, aus Selbstüberschätzung und ganz banaler Angeberei? Auch das. Aber fest steht, daß in unserem maroden Wirtschaftswunderland mit seinem undurchdringbaren Dschungel aus Sozialämtern, Jugendzentren, Sozialarbeiterheeren, Umschulungsmaßnahmen und Lehrstellendepressionen, seinen sozialen Netzen und seinem sozialen Jammer immer noch – und mehr denn je – eine soziale Schicht wächst, die nicht mehr in die Raster von »Etabliertheit« oder »Neuer Armut« paßt. Sie sind ökonomisch arm, aber führen bisweilen ein Leben wie die Fürsten. Sie sind keine Idealisten mehr, aber sie wirken so. Sie sind narzißtisch bis zum äußersten, aber nicht im klassischen Sinne egoistisch. Es geht ihnen nicht mehr um Gesellschaftsveränderung, sondern um *Haltung* und *Stolz*. Man wirft sein Leben nicht weg, indem man es als Angestellter vertrödelt. Das Leben ist kurz, hart und beschissen. Aber aufregend.

Ich möchte diesen Typus *Geniale Versager* nennen. Weil sie davon träumen, Lebens-Genies zu werden, aber zwangsläufig versagen, weil sie zu viele sind, und weil sie in unserem ökonomischen System nicht gebraucht werden.

Die jungen Überlebens-Helden der Achtziger sind einsamer als ihre »klassischen« Hippie-Vorläufer. Sie haben mit ihnen den Charme der Improvisationen, der witzigen Lebenslüge gemeinsam, und auch sie neigen zur Skurrilität im Alltag, zu den irrwitzigsten Geschichten. Aber im Gegensatz zu ihren inzwischen etwa dreißigjährigen Kollegen aus der Alternativära wirken die ›Achtziger-Kids‹ seltsam »geclont« – als hätten sie keine soziale Vergangenheit, keine Kindheit gehabt, sondern wären mit sechzehn auf die Welt gekommen. Sie haben sich nie an ihren Eltern abgearbeitet, sie haben sie nie ernstgenommen, sie haben stets in einer anderen Welt gelebt. Es ist, als hätten sie die Frustrationen der Siebziger-Jahre-Revolte bereits verarbeitet – all die kollektiven Euphorien, gesellschaftsverändernden Träume sind kein Thema mehr. Als hätten sie von Kindesbeinen an begriffen, daß es nicht lohnt, sich an kollektiven Euphorien, ausgetüftelten Moralsystemen und großen Veränderungsträumen zu berauschen. »Die Welt ist, wie sie ist. Hart und brutal«, lautet das Selbstverständnis, egal ob seine Verfechter aus bürgerlicher Saturiertheit oder proletarischer Enge stammen. Die Genialen Versager sind das Produkt der großen Angstwellen, ihre ›Jugend‹ haben sie in Friedens- und Anti-AKW-Zeiten erlebt. Ihnen ist selbstverständlich, daß die Welt, der Wohlstand, das Leben kurz und vergänglich sind. Obwohl sie eine Generation sind, setzen sie die Generationsstrukturen außer Kraft. Sie sind oft mit achtzehn schon über dreißig Jahre alt, und mit fünfundzwanzig wirken sie wie vierzehn. In ihren Traumhäusern sind die Wände hoch und weiß und leer, einen Billiardtisch gibt es da, keine Menschen, und auf großen Monitoren flimmern unentwegt Musikvideos.

»Metzgerlehre« sagt die 22jährige Maren aus Hamburg-Altona. »Das Wort *Metzgerlehre* bringt es auf den Punkt. Deine Chance und Möglichkeit. *Metzgerlehre*, das ist der Tod, den sie für uns vorgesehen haben. Da haben sie jede Menge offene Lehrstellen, und meine Eltern und die Lehrer haben immer gesagt: Siehst du, es gibt gar keine Jugendarbeitslosigkeit, es gibt offene Stellen als *Metzgerlehrling*. Da kannst du sofort anfangen. Was sollst du da noch sagen? Da wirst du sprachlos. Der Bundeskanzler sagt auch ununterbrochen: *Metzgerlehre*, selbst wenn er gar nichts redet auf dem Bildschirm. Wenn du in die Zimmer der Wohnungen hier in der Straße guckst: *Metzgerlehre*. Dann lieber genial sein und meinetwegen arm. Alles andere ist aussichtslos. Gegen alles ist ja schon revoltiert worden. Und jetzt muß von uns Jüngeren eben jeder selbst für sich revoltieren. Ich will weder Revolution noch mich anpassen. Ich kann mit keinem Menschen. Ich liebe sie alle. Ich bin zu weltfremd. Und ein zu steinharter Realist.«

Maren wird sich einreihen in ein Heer. Es ist ein modernes, ein unsichtbares Heer, das Heer der Genialen Versager. Ein Heer von fünfhunderttausend Stylisten, einer Dreiviertelmillion junger

Modedesigner, einer knappen Million begnadeter Schriftsteller, Gedichteschreiber, einer halben Million ausgeflippter Filmemacher, zwei Millionen Schauspieler, Tänzer, Maler, Performance-Künstler, Selbstdarsteller. Sie alle sind genial. Sie alle sind noch nicht entdeckt. Sie schreiben ihre Gedichte und Artikel in Stadtzeitungen, sie schneidern ihre Klamotten zuhauf, sie tanzen, singen, malen wie die Wilden und machen in ihren Übungsräumen Krach. Eine Armee der brotlosen Kreativität. Hundert, vielleicht zweihundert, wenn es hoch kommt ein paar tausend, werden es schaffen. Aber keiner von ihnen wird jemals eine Metzgerlehre machen.

Sie alle werden schlicht überleben müssen, im Spannungsfeld zwischen genialischem Gestus und realem Kontostand. Dazu braucht man eine große, eine wunderbare Lebenslüge. Und ein inneres Lachen. »Das ist machbar«, sagt trocken Rudolf, das schlacksige Wave-Kid. »Aber es ist auf Dauer herb. Ich glaube, es gibt bald eine Wiederkehr des Hippietums, damit alle wieder gleich sein können. Gleiche, nette Nullen.«

Das kann ja heiter werden. Wie wird die nächste Generationssynthese aussehen? Erleben wir in den neunziger Jahren Heerscharen von Glatzköpfen, die in polygamen Großkommunen hausen und sich als lebende Teppiche auf die Autobahnen legen? Oder wilde Horden, die singend auf Schrottplätzen leben und aus BMWs Kunstwerke machen? Oder was?

4.
»Normal zu werden ist eine große Kunst«
Bettina Röhl (Jahrgang 1962)

Die siebziger Jahre: Mein Gymnasium, das »Christianeum« in Hamburg, galt immer als Eliteschule für die Kinder der Wohlhabenden. Es war aber gleichzeitig eine Schule, die immer ein Stück weiter war: Als woanders noch die Hippie- und Politära angesagt war, kamen bei uns die langen Haare schon wieder aus der Mode.

Als wir 1973 an die Schule kamen, wurden gerade »Kollektive« gebildet, Schülerzeitungen gemacht und gekifft. Damals hatten alle Typen lange Haare, auch die ganz jungen. Als ich und meine Schwester elf waren, fanden wir die »Großen« ganz toll. Tolle, wilde, intelligente Typen.

Der Bruch kam ausgerechnet in meiner Klasse. Wir galten plötzlich als unpolitisch und dumm. Wir haben darunter gelitten, daß die älteren Schüler und die progressiven Lehrer uns total langweilig und doof fanden.

Da war zum Beispiel der Deutschlehrer E., er galt als der tollste und progressivste Lehrer der Schule. Jeder liebte ihn, und immer hieß es: »Wartet nur, bis ihr den kriegt, das wird ganz toll!« Als wir ihn dann bekamen, in der 5. Klasse, hat er gleich das »Du« eingeführt. Er war wirklich ein hervorragender Lehrer, keiner von dieser langweiligen, bärtigen Sorte, wie sie später üblich wurden, sondern einer, der sich noch wirklich engagiert hat. Er hat »Quatschstunden« eingeführt. Viele fanden das gut, aber die meisten konnten damit nichts anfangen. Einmal ist einer von uns aufgestanden und hat gesagt: »Wie kommt das eigentlich, daß wir Sie duzen müssen? Warum setzen Sie sich auf den Tisch und nicht auf den Stuhl?«

Ausgerechnet dieser Lehrer hat uns aufgegeben! Er hat sich eines Tages geweigert, uns weiter zu unterrichten. Weil wir so laut waren und inzwischen Protest von den Eltern kam. Es war eine Niederlage für uns, denn noch nie hatte ein Lehrer eine Klasse abgelehnt, weil er sie »verpoppert« fand.

Zunächst habe ich gehofft, daß die Leute in meiner Klasse, wenn sie älter werden, auch freakiger, politischer und freier werden, so wie die »Großen«. Aber diese Zeit kam nie. Das einzige, was unser Jahrgang hervorbrachte, schienen Poppercliquen zu sein. Oder, noch schlimmer, diese gut angezogenen Langweiler. Diese Sorte von Ur-Poppern, die ganz normalen Kaufmannssöhnchen und Reederstöchter, die es schon immer gegeben hat und immer geben wird.

Zwei Klassen über uns gab es plötzlich die ersten Leute, die witzig, intelligent und spannend, aber keine Freaks mehr waren. Sie liefen nicht mehr verschlampt herum und hörten David Bowie oder Stevie Wonder statt der Stones. Es war ein Umschwung: Seit den Beatles war es völlig selbstverständlich, daß die intelligenten, klugen und netten Leute Freaks wurden. Aber ungefähr ab 1976 kippte das. Jetzt wurden die Langweiler, die Doofen, die Spätzünder zu Freaks, und die Interessanten, die Kreativen suchten nach neuen Stil- und Lebensformen.

Für die Freaks galten wir als Popper, für die richtigen Popper waren wir viel zu frech oder zu links, um anerkannt zu werden. Erst allmählich setzte sich durch, daß jemand, der Cowboystiefel anhatte, auch nachdenklich sein konnte; daß eine Popper-Tolle nicht Oberflächlichkeit bedeutet, und daß lange Haare und verlotterte Kleidung nicht politischen Durchblick garantieren.

Die Politik: Zunächst waren wir »grundsätzlich irgendwie« für die SPD. Später verblaßten die politischen Fragen. Politik kam mir furchtbar hohl und nichtssagend vor, sie hatte etwas mit nervigen Moralisten zu tun, die einem ständig vorschrieben, für was man sich zu interessieren hatte. Ich hatte das Gefühl, daß das alles nicht mehr unser Diskurs war. Andererseits waren wir aber nicht unpolitisch oder gar rechts. Wir hatten eine Art »politischer Melancholie«, eine Trauer, daß alles vorbei und verbraucht war, und wir es irgendwie verpaßt hatten. Kann ja sein: Vielleicht wären wir gerne Freaks geworden, aber es war zu spät. Wir wußten, daß die Haschfeten der Älteren einfach toll gewesen waren, die langen Haare, der Aufbruch, das Neue, und wir litten ständig unter dem Gefühl, im Vergleich unengagierte Nullen zu sein. Wir haben öfter darüber geredet, warum wir so »unpolitisch» waren. Auf uns lastete der Druck, »etwas tun zu müssen«. Aber was? Bei amnesty international mitmachen, nach Nicaragua fahren, Autos aus ideologischen Gründen ablehnen und auf langweiligen Demonstrationen mitlaufen, aus denen längst der Pep raus war? Sollten wir uns absichtlich häßlich anziehen, weil es angeblich nur auf den Charakter ankam, oder unsere Zeit mit endlosen Diskussionen über die Ungerechtigkeit der Welt verbringen, dabei aber Tee trinken und eben doch nichts tun?

Aus diesem Mischmasch aus schlechtem Gewissen, leichter Resignation und Verachtung für die überkommene Freak-Moral flüchteten wir uns in die Ironie. Schon 1978 machten wir Witze über das »Ausdiskutieren«, die »Selbstfindungssuche« und die ständige »Alles-ist-easy-wir-sind-alle-Freunde«-Masche.

Wir wußten, daß wir nicht blöd waren, aber wir gerieten mitten in eine Flaute. Die Freakzeit war vorbei, der Punk kam erst drei Jahre später. Vielleicht aber hatten wir gerade durch das Subkulturloch, in das wir gefallen waren, die Freiheit, wir selbst zu sein. Und weder Punk zu werden, noch Popper, noch Freak. Spätestens mit achtzehn, also 1980, war mit klar, daß es vor allem um eines ging: *ganz normal zu werden.*

Es hat deshalb so lange gedauert, sich gegen die Moral des Freak- und Linksseins zu behaupten, weil die Revolte-Generation erst einmal achtundzwanzig oder dreißig Jahre alt werden mußte, bis man deutlich sehen konnte, daß sie gescheitert war. Damals saß sie noch am längeren Hebel, es waren ja unsere älteren Geschwister und Freunde, sie gaben in der Schule den Ton an und hatten ihren Stolz. Sie nahmen von ihren Eltern kein Geld und zogen irgendwann in eine andere Stadt, wo sie ihr eigenes Leben lebten. Es hat bis weit in dieses Jahrzehnt gedauert, bis sie merkten, daß sie ohne Ausbildung dasaßen, daß es mit zunehmendem Alter auf die Nerven geht, kein Geld zu haben und in einer engen Wohnung zu wohnen, die man nicht heizen kann.

Um die Jahrzehntwende herum gab es eine Annäherungszeit: Die Freaks waren nicht mehr so freakig, die Popper wurden nachdenklicher. Ich persönlich habe diese Auflösung der Fronten als Erleichterung empfunden. Als eine Chance, erwachsen zu werden und mich zu entscheiden, wie ich sein will. Ich bin aber skeptisch, ob das für alle gilt. Zwar wirken Popper heute sozialer, Fotomodelle wählen grün, die Superbraven tragen Palästinensertücher und die Freaks kaufen bei Benetton. Aber wenn ich die Leute an der Uni heute sehe, habe ich den Eindruck, daß die Auflösung der Subkulturen, das Verschwinden der klar erkennbaren Lebensstile zu völliger Desorientierung und Identitätslosigkeit geführt hat. Nicht nur in Sachen Kleidung, sondern auch in den Köpfen herrscht eine seltsame Verzagtheit und Unentschiedenheit.

Trotzdem bin ich froh, daß es alle diese »Bewegungen« gegeben hat. Ich kann mir vorstellen, daß es vor der Frauenbewegung sehr hart für die Frauen und Mädchen in dieser Gesellschaft war, und ich bin den Feministinnen und den starken Frauen sehr dankbar dafür, was sie für uns durchgeboxt haben. Ich bin froh, daß es Wohngemeinschaften gibt, daß man Lehrer duzen *oder* siezen kann, daß Jungs fragen, ob Mädchen die Pille nehmen, und daß Mädchen heute Fußball spielen können.

1980 war ich in Italien und traf deutsche Freaks, die plötzlich genauso alt waren wie ich oder sogar jünger. Offenbar waren in bayrischen Dörfern und hessischen Kleinstädten die Siebziger-Jahre-Strömungen erst viel später angekommen. Was wir in Hamburg längst für abgehakt hielten, war bei denen noch lange nicht gegessen. Viele würden vielleicht ewig auf der Entwicklungsstufe des Freakzeitalters leben. Selbst heute, 1987, trifft man immer wieder Dreißigjährige, die in diesen alten Formen stagnieren. Wenn man zehn, fünfzehn Jahre lang ein bestimmtes politisches und soziales Weltbild aufgebaut hat, ist es sehr schwierig, es wieder zu verlassen. Man müßte sein ganzes bisheriges Leben in Frage stellen.

Antiautoritäre Erziehung: Als ich im Kinderladen war – das war einfach eine gute Zeit. Man konnte rausgehen, sich austoben, es gab noch nicht diese Kaputtheit von später. Es waren aber auch andere Zeiten: Als Alternative für uns Kinder gab es nur diese Zuchtanstalten, in denen du gezwungen wurdest, Spinat oder Rosenkohl zu essen, den du nicht mochtest. Aber mit der antiautoritären Erziehung ist es wie mit allen »Bewegungen«: Solange starke Persönlichkeiten vorherrschen, geht es gut. Schlimm wird es, wenn die Imitatoren kommen, die Opportunisten, die Leute, die es nur machen, wenn es ein Trend ist. Riskante und mutige Ideen brauchen immer eine bestimmte Art von Größe, Persönlichkeit und Stabilität. Neue Ideen benötigen eine Art Elite, und die ersten Achtundsechziger waren bestimmt so etwas, auch wenn ich das Wort »Elite« ganz vorsichtig verwenden will. Aber es kommt mehr auf diese »Größe« an als auf die Ideologie. Wenn du starke, intensive Eltern hast, können die autoritär oder antiautoritär sein – es macht keinen substantiellen Unterschied. Wenn Eltern sich dagegen stur an antiautoritäre Regeln halten, gehen nicht nur sie selbst, sondern vor allem die Kinder kaputt. Ich glaube nicht, daß Kinder glücklichere Menschen werden, wenn man ihnen jedes Frusterlebnis erspart.

Daß wir als Kinder in den Regen liefen, barfuß und bei Kälte, war nicht nur scheißegal, sondern galt als gut und frei. Wenn wir danach eine Erkältung bekamen – auch gut, Erkältungen müssen sein. Erst nach der zehnten Erkältung haben wir gelernt, daß es wohl doch einen Sinn hat, sich regenfest anzuziehen. Daß man lebenserhaltende Regeln braucht, eine gewisse Disziplin und Rhythmen – das haben wir erst viel später gelernt.

Wohngemeinschaft: Das Wort mag ich nicht, man assoziiert endlose Diskussionen um den Abwasch und dösige Teerunden. Ich wohne in einer Wohngemeinschaft, aber ich nenne sie nicht so. Viele, die ich kenne, leben mit anderen Leuten zusammen, aber nirgends gibt es mehr diesen Anspruch, immer frei, offen und alternativ zu sein, etwa »gemeinsam essen«, »sich kennenlernen«. Geblieben ist eine Art reduziertes Familienleben. Ich lebe gerne mit jemandem zusammen, aus ökonomischen Gründen und weil ich alleine sein möchte – aber mit anderen zusammen. Für uns ist das normal geworden, während »WG« für die vorhergehenden Generationen wahrscheinlich so neu war, daß sie in der Aufregung über das »neue Leben« kaum zum Leben gekommen sind.

Der Staat: Sehr langweilig. Ich haben den Eindruck, der Staat besteht aus lauter inkompetenten Leuten, die nichts im Griff haben, eine ungeheuer veraltete, anachronistische Struktur. Eine institutionalisierte Hilflosigkeit. Im Moment sehe ich keine Institution, die mir ein Gefühl von Vertrauen und Identität gäbe, keine Institution außer vielleicht den Grünen, die mich etwas angeht. Außer der vorteilhaften Tatsache, in diesem Staat zu leben: Du hast eine Wohnung, du hast tausend Rechte, du kannst studieren, es gibt einen funktionierenden Sozialstaatsapparat. Ich glaube, daß es ein Anzeichen eigener Schwäche ist, im Staat immer den Verantwortlichen zu sehen, ob es um Arbeitslosigkeit, Armut oder was auch immer geht. Der Staat garantiert keine Lösung der Probleme, er hat auch keine Schuld an allen Miseren, er symbolisiert auch keine dämonische Gefahr. Eher sehe ich eine vollkommene Ignoranz und Unverantwortlichkeit, wie in Sachen der Atomenergie (Tschernobyl) oder der Aids-Panik in Bayern. Eine Fahrlässigkeit, die auf Dauer immer wieder zu einer richtigen Gefahr werden kann.

Faschismus: Selbst der doofe, fette Kleinbürger, der ständig unter dem Verdacht steht, wieder zum Faschisten zu werden, ist doch total verweichlicht. Er verfolgt längst andere Interessen, wie Bodybuilding, Fernsehen oder die 35-Stunden-Woche. Aber wenn die Situation richtig hart wird – ich glaube, dann sind die Leute wieder zu allem in der Lage. Trotzdem: Der Faschismuswahn gehört in eine Zeit, in der man der Vorstellung anhing, daß alles wiederkommt. Daß, wenn man ein paar Regeln im Umgang miteinander einhält, sofort die »alte Scheiße« wiederkehrt, daß, wenn man ein wenig Disziplin lernt, der Faschismus sofort wieder auf der Tagesordnung steht. In diesem »überhistorischen« Denken beschwört man den Faschismus eher herauf, als daß man ihn verarbeitet. Mein Eindruck ist, daß sich spätestens seit dem Ende der siebziger Jahre diese alten Weltbilder aus dem 19. Jahrhundert auflösen. Unser Problem ist weniger ein Wiederaufkommen des Faschismus, als die von Huxley in seinem Buch »Schöne neue Welt« beschriebene totale Gleichgültigkeit. Ich habe eine Art Utopie. Ich wünsche mir, daß die Menschen alle ein wenig vornehmer werden. Nicht im alten, aristokratischen, sondern im *echten* Sinn. Daß sie bescheidener und selbstgenügsamer werden können. Daß sie ernsthafter an sich selbst arbeiten. Daß sie genau überlegen, wo sie stehen, wie sie sich verhalten und wie sie sich verändern können. Daß sie weniger jammern und sich mehr Mühe geben – mit sich selbst und mit den anderen. Es geht um so etwas wie Aufmerksamkeit.

Wir leben in einem Zeitalter der *Hungrigen*. Die *Hungrigen* sind diejenigen, die alles wissen und alles haben wollen – jetzt, hier, in diesem Moment, und ohne etwas dafür zu tun. Geduld ist ihnen fremd. Es sind Leute, die jeden Tag so leben, es wäre es der letzte. Ich weiß, daß das Heute wichtig ist, aber man darf es auch nicht *zu* wichtig nehmen. Die Siebziger-Jahre-Generation hat diese Ideologie stark gefördert: Jeden Moment auskosten, stets bis zu den Grenzen gehen und über sie hinweg, immer hungrig sein und nach den Sternen greifen. Die Suche nach dem Glück hatte in den siebziger Jahren das falsche Rezept. Man irrte sich, wenn man annahm, man könne einfach glücklich werden, indem man sich von Zwängen befreite und sich gehenließ. Man könne Literatur produzieren, ohne schreiben zu können, lieben, ohne geben zu können, auf sich selbst stolz sein, ohne etwas vollbracht zu haben. Die siebziger Jahre förderten alle Eigenschaften, mit denen man die

Notwendigkeit, an sich zu arbeiten, verlernte: Disziplinlosigkeit, Maßlosigkeit, Diskontinuität und Anmaßung. Mit der Verherrlichung dieser Begriffe verlernte man auch die kontinuierliche Entwicklung einer Arbeit, das behutsame Aufbauen einer Beziehung und das langfristige Verfolgen eines Ziels. Statt dessen förderte die Freak-Generation die nervöse Suche nach dem Glück, ständige Intensität und dauernde Verliebtheit. So förderte sie die *Hungrigen*.

Die *Hungrigen* finden weder zu sich selbst noch zum Glück, sie rauchen und saufen, nehmen Drogen, reden, träumen und stürzen sich in ein Beziehungsdrama nach dem anderen. Die Kunst des Normalseins beherrschen sie nicht im geringsten. Ich weiß, wie schwierig es ist, jeden Tag an sich zu arbeiten, sich klarzuwerden, wo man steht und dem Selbstbetrug zu entkommen, ich erlebe es an mir selbst.

Bettina Röhl ist die Tochter von Ulrike Meinhof und Klaus-Rainer Röhl. Sie studiert Geschichte, arbeitet bei der Zeitschrift »Tempo« und wohnt in einer kleinen Wohngemeinschaft.

5.
Profis und Dilettanten
Zwei ›Kulturen‹ der achtziger Jahre

Der Profi: Er ist oft ein Arschloch. Oder ein Dummkopf. Oft, nicht immer. Wenn er ein Arschloch ist, können wir ihn vergessen, er fährt seinen BMW auf der linken Spur mit dem Bleifuß, er ist Zyniker, Alkoholiker, Fanatiker der freien Marktwirtschaft und verachtet seine Frau. Solche Leute interessieren uns nicht, uns interessieren nur die *wahren* Profis.

Die wahren Profis haben Humor, aber sie verwechseln den Humor nie mit dem Stammtisch. Sie sind Zyniker, weil es in dieser Welt nur zynisch zugeht. Nicht, weil die Welt ein Dreckloch ist, ein Sündenpfuhl, sondern weil sie sich nicht endgültig ordnen läßt. Der Profi (gemeint ist der wahre Profi) weiß das, und er verhält sich entsprechend. Er wartet nicht sein Leben lang, bis eine äußere Ordnung alles in Ordnung bringt, er setzt eine Ordnung: seine eigene, ganz subjektive, unvollkommene, provisorische, irgendwie auch mickrige und falsche Ordnung. Und das weiß er ganz genau.

Der *Dilettant* hingegen wartet. Er lebt ein richtiges Leben im falschen, so gut es geht, aber er weiß, daß dies im Endeffekt nicht gelingen kann. Deshalb gibt er sich keine große Mühe. Nicht, daß er nicht intensiv lebt und seinen Spaß hat, aber er wartet im Grunde seiner Seele stets wie bestellt und nicht abgeholt. Die Kunst der Improvisation, des Durchschlängelns ist seine Lebensform, das, was ihn antreibt, ist die Utopie, die Vision einer Gesellschaft, die ihn und andere endlich gut behandelt. Dieser Utopie wiederum begegnet er flexibel. Er lebt von der Sozialhilfe, wenn es ansteht, denn man soll den Staat schröpfen, wo man kann. Er wirft den Job hin, sobald es unangenehm wird, denn er läßt sich nicht verscheißern, mit ihm kann man so etwas nicht machen, mit ihm nicht! Er macht mal einen miesen Job, um zu überleben, er treibt sich im Nachtleben großer Städte herum und sucht erotische Abenteuer. Dann eröffnet er halbherzig, sagen wir: eine Boutique mit schrillen Klamotten. Dort steht er eine Weile herum und ärgert sich über die dummen Schnepfen, die ihr Geld bei ihm ausgeben, was diese bald merken und seinen Laden meiden. Der Dilettant hat eigentlich schon immer gewußt, daß es für kleine Läden keine Zukunft mehr gibt. Er kratzt seine Ersparnisse zusammen und kauft sich mit acht Leuten einen Bauernhof auf dem Land. Dort bastelt, schraubt und mäht er, lernt Schafzucht und Einwecken, wie man Stühle nutet und Hühner rupft, und wenn er das alles kann, merkt er, daß das Land einfach zu dröge und rückständig ist, um eine ordentliche Utopie nicht zu ersticken. Er zieht, weil er das Land nicht ganz missen will, mit der Großstadt aber fertig ist, an den Stadtrand. Er leidet zwar oft unter Depressionen, aber er macht stets die Verhältnisse dafür verantwortlich. Er ist menschlich. Sehr sogar. Er läßt einen spüren, daß alles vergänglich ist. Er hat einen wunderbar chaotischen Schreibtisch, er weiß nie, ob er versichert ist, wenn irgendwo ein Malheur passiert. Er fährt ein altes Auto, daß ihm immer im Stau zwischen Nizza und Marseille zusammenbricht, wenn gerade Feiertag ist und alle Werkstätten geschlossen haben.

Der Dilettant kann vielleicht Chinesisch sprechen, weil er irgendwie auf den »Chinesisch-Trip« gekommen ist, aber garantiert kein Französisch.

Man sollte nie mit ihm Auto fahren, denn das wird immer streßig. Erst kommt er nicht los, hat noch ungeheuer viele Dinge zu erledigen, und das Telefon klingelt wie verrückt, dann muß noch irgendwo in der Stadt etwas abgeholt werden, aber der, bei dem abgeholt werden soll, ist nicht da, aber an seiner Tür hängt ein Zettel, wo man ihn abholen soll, plötzlich sitzen vier Leute im Auto, es ist eng, dann sind am Ende die Leute nicht da, die man eigentlich besuchen wollte, und wenn man sie gefunden hat, kommt man nicht wieder los, wenn es Zeit dafür wäre, so sitzt man noch nachts um drei fest und flucht, daß man nicht mit dem eigenen Wagen gefahren ist.

Der Dilettant ist ein Meister der sanften Lebenslüge. Noch wenn alle Konten gesperrt sind, die Versicherung den Zahnersatz nicht zahlt und das Haus, in dem der Dilettant wohnt, abgerissen wird, macht er sich vor, er wollte sowieso nicht in diesem Scheißland leben, sondern eigentlich schon die ganze Zeit in Griechenland. Er kommt immer zu spät und flippt leicht aus, kann aber in Sekundenbruchteilen mit einem »Du, ich mag Dich ungeheuer gern« kommen. Mit anderen Worten: Er ist ein ungeheuer sympathischer Mensch.

72

Der *Profi* hingegen wirkt auf den ersten Blick weniger sympathisch. Er hält auf Distanz, das »Du« braucht bei ihm seine Zeit, und böse Zungen bezeichnen ihn leicht als arrogant. Aber täuschen wir uns nicht. (Wir meinen nicht den Profi, der sein Leben lang seinem überfüllten Terminkalender hinterherrennt, hechelnd, bewußtlos und halbtot. Wir meinen nicht diese Sorte Profis, die auf der gesellschaftlichen Projektionsleinwand als »Professionals« erscheinen, die Roboter des Aufschwungs.) Der nette Profi hat zwar Reserven auf dem Konto, auf der Bank, aber er redet grundsätzlich nicht davon. Er ist kein Ordnungsmensch. Totale Ordnung, weiß der echte Profi, führt zur Agonie. Wer strikt seinen Terminkalender herunterlebt, kann sich genausogut einsargen lassen. Man muß ab und zu einen Termin versetzen, einen platzen lassen, man muß auch ausflippen, aber nur manchmal und möglichst diskret. Der Profi lebt eine Art *flexibel response* gegenüber den Zwängen, die z. B. sein Beruf ihm auferlegt. Er sieht den Terminkalender als eine Art notwendiges Übel, mit dem man einen zähneknirschenden Burgfrieden schließen kann. Nicht mehr, nicht weniger. Das unterscheidet ihn vom »Professional«. Der »Professional« ist einfach dumm, er betrachtet seinen Terminkalender, seine Verpflichtungen, seine Frau, seine ganze hohle, bemühte Scheiße als »Welt an sich«. Der Profi, den wir meinen, weiß, daß hinter dem Terminkalender noch etwas anderes liegt. Das vergißt er nie. Er kann trotzdem Profi sein.

Der *Dilettant* hingegen ist strukturell nicht in der Lage, irgendwelchen Zwängen Rechnung zu tragen. Er jammert und stöhnt gerne, und kaum hat er eine Arbeit begonnen, entwickelt seine komplizierte Psyche ein Magengeschwür. Er druckst herum. Er mogelt sich durch. Wenn er zu spät kommt, entschuldigt er sich nicht, sondern schimpft auf den Straßenverkehr. Er weiß ja, daß das Reich der Terminkalender ein falsches Reich ist. Das Reich des Bösen. Er weiß, daß er dieses Reich verlassen wird.

Während der Dilettant allenfalls ein sympathischer Taktiker ist, ist der Profi Stratege. Der Profi kann langfristige Strategien entwickeln, modifizieren und durchhalten, ohne daß sie seine Energien absorbieren, ja, ohne daß seine Umwelt es überhaupt merkt. Der Dilettant lebt von der Hand in den Mund, gibt sich, sagen wir, zwar überall lautstark als Ökologe zu erkennen, aber er hat die Gesetze der Ökologie noch nicht für sein eigenes Leben entdeckt. Daß »alle Dinge dieser Erde miteinander zusammenhängen«, das weiß er für den rotgefleckten Zitronenfalter und den seltenen jadegrünen Wiesenfrosch. Daß es zwischen den Polen Arbeit und Freizeit, Ordnung und Chaos, Funktionalität und Emotion eine gewisse Balance geben muß, gilt vielleicht für das Sumpfbiotop, aber nicht für ihn selbst. Deshalb sind die Leidenschaften des Dilettanten zwar heftig, aber auch flüchtig.

Und doch will der Dilettant kein Verlierer sein. Er kann durchaus Lust auf eine Karriere entwickeln, vor allem dann, wenn er stets das Gegenteil behauptet. Nur stellt er es dann dilettantisch an. Er drängt sich auf. Er rackert wie ein Idiot. Er geht schnurstracks auf das zu, was er »Erfolg« nennt, und gibt jedem zu verstehen, daß für ihn jetzt »Erfolg« angesagt ist, unbedingt, morgen, ganz schnell. Er sagt aber stets zum unpassendsten Zeitpunkt das unpassendste Wort, er gibt an, er arbeite achtzehn Stunden am Tag und rennt stolz, aber fordernd mit Ringen unter den Augen ins Chefzimmer, ein flammendes Signal, das sagen soll: »Es wird höchste Zeit, mich zu befördern!«

Einen Scheißdreck wird man ihn befördern. Wer sich so anstrengt, wer sich anbiedert, dem muß es an Talent mangeln, an Routine, an Fingerspitzengefühl, an Balance und innerer Stabilität. Der Profi (wenn er nicht eine dieser unzähligen grauen Mäuse ist, die sich von den Schaufelbaggern der Beförderungsmaschine nach oben hieven lassen) reagiert völlig anders. Er macht sich rar. Er ist bescheiden. Er löst ein Problem und ist schon verschwunden, um das nächste, noch viel wichtigere anzupacken – seine Vorgesetzten suchen ihn, um ihn zu loben, aber es heißt: »Der oder die Dingsbums ist schon weg, um das und das Problem anzugehen.« Nein, der Profi ist keine Maschine, er haßt es, länger als acht Stunden zu arbeiten, er findet selbst das schon zuviel. Er lügt auch schon mal. Während alle denken, er sei unterwegs, um die Firma voranzubringen, liegt er in irgendeinem Luxushotel und entspannt. Er erringt Erfolge, weil jeder glaubt, er könne leicht darauf verzichten, weil er ja schon längst erfolgreich ist.

Der Profi wird niemals zu einem Vorgesetzten gehen, der Vorgesetzte wird immer kommen, um ihn dazu zu drängen, sich doch befördern zu lassen, bitte. Er steht passiv günstig zum Erfolg, wie der Flügel einer dänischen Windkraftmaschine zum Wind, sauber und optimal. Währenddessen plustert sich der Dilettant auf und versucht, den Wind selbst zu machen. Der Profi dosiert seine Fähigkeiten. Er weiß, daß er viele Dinge nicht besonders gut kann und einige wenige gerade lernt oder halbwegs beherrscht. Er wird nun diejenigen Dinge, von denen er relativ wenig versteht, delegieren. Der Dilettant hingegen tut so, als könne er alles. Wenn man ihn nur ließe, so vermittelt er den Eindruck, wäre er morgen Schreiner, übermorgen Schriftsteller, und dann in lockerer Reihenfolge Leuchtturmwärter, Golfspieler, Kunstlehrer, Berufshumanist, Organisator der Bundesbahn, Chef der Vereinten Nationen und Fliesenleger. Der Dilettant behauptet ständig, er sei Profi, aber jeder spürt sofort, daß er ein Pseudo-Profi ist, einer, der zwangsläufig pfuschen muß, weil er sich übernimmt. Das Unangenehme ist vor allem die Tatsache, daß er den wahren Leuchtturmwärtern, Schreinern und Kunstlehrern schlichtweg die Daseinsberechtigung abspricht und ihnen, die den Beruf ihr Leben lang unter Mühen ausgeübt haben, jeden Respekt versagt. Wer die Pose durchschaut, weiß, daß der Dilettant nur einen Beruf ausüben kann: Taxifahrer. (Womit nichts gegen die Taxifahrer gesagt sein soll.)

Kommen wir zum Antagonismus von Privatleben und Beruf.

Der Dilettant kommt sich mit seinen verschiedenen Sphären permanent selbst in die Quere. Wenn er eine Prüfung zu bestehen hat, ist er nervös wie der Profi auch, aber er produziert garantiert einen Tag davor eine schwere Beziehungskrise, die ihn endgültig fix und fertig macht. Der Dilettant liebt meist Menschen, bei denen es hoffnungslos ist, sie zu lieben, und hierin ähnelt er dem Profi, denn Liebe ist per se hoffnungslos. Aber der Dilettant ist ehrlich, aufrichtig und radikal gutmütig. Er glaubt an den Menschen, an dessen Integrität und Identität, und was dergleichen »Ganzheiten« mehr sind. Für ihn gibt es keine Differenz zwischen beruflicher und privater Sphäre. Wenn der Chef ihn mag, fühlt er sich glücklich, nimmt alles für bare Münze – er käme nie auf die Idee, daß taktisches Kalkül dahintersteht. So käme er auch selbst nie auf die Idee, zu verdrängen, zu lügen oder zu schwindeln. Sie oder er gesteht jeden Seitensprung. Aber nicht nur das: Nicht nur, daß er sich erdreistet, dem Partner weh zu tun, er will es auch noch ausdiskutieren! Er will Absolution! Konsens! Er erträgt es nämlich nicht, daß irgend etwas in Disharmonie bleibt, und genau deshalb produziert er ständig wie eine Maschine Disharmonien. Er würde niemals seine privaten Beziehungen im Beruf verdrängen oder umgekehrt, deshalb stoßen beide Sphären dauernd im Diskant aneinander oder verstärken sich gegenseitig wie kommunizierende Röhren. Statt etwa Streß im Büro durch Muffeln, Fernsehen oder Fluchen abzuschütteln, wird der Dilettant zu seinem Partner rennen und ihm alles erzählen – haarklein – wie Egon ihn gelinkt hat und Gerd versucht, ihn fertigzumachen, und wie die Kollegen von der Abteilung Soundso versuchen, ihm an den Karren zu fahren. Jahrelang. Denn, sagt sich der Dilettant, wenn man sich schon liebt, dann muß man auch die richtigen, die alltäglichen Probleme miteinander teilen. Der Partner wird dies nach Jahren nur noch zähneknirschend ertragen, er wird ahnen, daß es nackter Egoismus ist, der den Dilettanten so leutselig macht. Der Profi hingegen weiß, daß ein Büro ein Büro und ein Bett ein Bett ist. Er wird zur Not sogar seinen Frust in der Liebe im Büro kompensieren, denn er ist Melancholiker. Er weiß, daß Kompensation per se nichts Negatives ist, sobald man erkennt, daß man kompensiert. Weil das Leben, wenn man so will, eine Art Kompensation des Todes ist.

Kommen wir zu dem, was auf jedem Seminar und in jeder ordentlichen Diskussion immer bei der fünften Wortmeldung eingeklagt wird: die *Inhalte*. Das meint natürlich: die Moral. Der Dilettant meldet sich, sofern er nicht Lastwagenfahrer ist, bei Diskussionen und Seminaren zu Wort und sagt mit einer sehr lauten, sehr bestimmten und engagierten Stimme: »Ich möchte hier endlich mal *Inhalte* hören. Hier wird immer über die *Form* geredet, und das stinkt mir.« Damit heimst er Beifall ein, aber leider bei den Falschen, bei den Seminarmäuschen, die für die kommenden Ikeakinder vorstricken, und bei intellektuell verklemmten Studenten, die sowieso jeden Diskurs für linkes Zeug halten. Der Dilettant aber fühlt sich stets als der Rächer der Enterbten. Fälschlicherweise, denn er verdoppelt nur das Problem, indem er den Inhalt rein formal einfordert – denn Inhaltliches fällt ihm niemals ein.

Was der Inhalt jedoch ist, das weiß er nicht nur nicht, es geht ihm gar nicht darum. Es geht ihm um eine Haltung. Eine gute Haltung. Eine gerechte Haltung. Der Profi hat es hier ziemlich schwer, in unserem Seminar taucht er gar nicht erst auf. Er hat eine Moral, aber er hat Schwierigkeiten damit, sie zu formulieren. Er weiß zwar, daß sie aus dem Herzen kommen muß, aber auch, daß sie abstrakt ist, daß es keinen Sinn hat, sie dauernd vor sich her zu tragen wie einen Prinzipienbauchladen. Deshalb gilt der Profi oft als unmoralisch. Er ist es aber keineswegs, im Gegenteil, seine Flexibilität erlaubt es ihm viel öfter als dem Dilettanten, Sinn mit Beruf zu verbinden und Moral mit Tätigkeit. Während der Dilettant entweder trotzig gar nichts tut oder sich in einem miesen Job abrackert, wirkt der Profi im Stillen, er weiß Kleinigkeiten zu schätzen, etwa einen menschlichen Umgangston oder ein halbwegs akzeptables Produkt, das ein bißchen umweltfreundlicher ist als seine Vorläufer. Der Profi weiß, daß er mitmacht, daß er sich eingelassen hat auf einen großen, anstrengenden, schwierigen Kampf zwischen Moral und Realität, auf ein Spiel, das große Geduld erfordert, weil es lebenslang dauert. Das Spiel ist ernst, nichts daran kann wiederholt werden, jede Haltung zählt und ist wichtig. Für den Dilettanten hingegen hat die Realität unmittelbar Moral zu sein, oder sie taugt nichts. Notfalls wird er das beweisen! Wenn er Lehrer ist, arbeitet er in dieser Dressuranstalt nur, weil sonst die Rechten dort arbeiten würden und obwohl in unserer Gesellschaft ja keine anständige Pädagogik möglich ist. Er wird den Konflikt also so zuspitzen, daß er irgendwann unehrenhaft entlassen wird. Die Tatsache, daß nach seinem Weggang alles viel schlimmer geworden ist, beweist nur seine These, daß er a) unentbehrlich und b) das System brutal ist. Ist der Dilettant, sagen wir, in einer Munitionsfabrik tätig, kann er nicht zur Verantwortung gezogen werden: Es waren die Verhältnisse, er brauchte dringend Geld, er mußte diesen Job annehmen – außerdem wäre eine Kartonagenfabrik oder Druckerei auch nicht besser, schließlich erzeugt die Kartonagenfabrik tödliche Abwässer, die Druckerei lauter Unsinn und giftige Abwässer – der Dilettant hat immer eine Ausrede parat. Und genau die hat der Profi nicht. Er ist für den unvermeidbaren Mist, den er produziert, verantwortlich, und *er weiß das sehr genau.*

Der heikelste Punkt ist das Geld. Der Profi liebt das Geld nicht (es sei denn, er gehört zu den Raffzähnen), er respektiert es allenfalls. Der Dilettant hingegen haßt das Geld aus vollem Herzen, genauer: aus dem Bauch. Das, was er am allerschrecklichsten findet am Geld, seine Kälte, seine Neutralität, findet gerade die Anerkennung des Profis. Das Geld ist zwar nicht gut, sagt sich der Profi, aber es ist auch nicht böse. Es ist. Es regelt, als Abstraktum, unsere Welt. Wie furchtbar, wenn Gefühle, Wärmeströme, Emotion unsere Welt beherrschten. Man stelle sich vor, zu Häusern und Autos und Reisen käme man durch Leidenschaft, Emphase, Passion! Wie ausgelaugt wir alle wären, morgen schon! Nein, dann lieber das kalte, gemeine, aber stets produktiv funktionierende Geld. Der Dilettant hat dagegen höllische Berührungsängste. Das Geld ist ihm nicht geheuer, es scheint ihm ansteckend zu wirken, wie eine Art Moralerweichungs-Seuche. Der Einfallsreichtum des Dilettanten, dem Geld zu entgehen, ist schier unerschöpflich. Kaum kommt einer und versucht, ihm einen kreativen, sinnvollen, gutbezahlten Job anzubieten, wird er von Anfällen des Selbstzweifels, von Fluchtwünschen und komplizierten Hinderungsgründen geschüttelt und fällt in eine tiefe Depression, die ihn arbeitsunfähig macht. Aber wie gesagt, dazu kommt es nur selten, denn der Dilettant wird sich von vornherein fernhalten von diesen Angeboten. Der Clou dabei ist, daß er sich dadurch nur um so tiefer in die Geldlogik verstrickt. Er muß ungeheurer kämpfen, um das Geld zum Leben heranzuschaffen und seine aufwendigen Utopien wie Bauernhöfe, Fernreisen, Hütten auf Lanzarote, Therapiekurse auf Ibiza, Kinder, liebgewordene Schrottautos zu bezahlen. Da er aber nie Geld hat, kauft er obendrein immer das Billigste, das Billigste jedoch geht nach kurzer Zeit kaputt, so daß etwas Neues gekauft werden muß. Der Dilettant ist der geborene Konsument, der nichts verändert, auch wenn er noch so zappelt.

Lieber Karl, ich verstehe die Aufregung nicht ganz, die ich mit meiner Profi-Dilettanten-Miniatur bei Dir ausgelöst habe. Der giftige Ton Deiner Rückantwort irritiert mich, daß Du nur für den Dilettanten Pate gestanden haben könntest, kann nicht Dein Ernst sein. Nein, so habe ich das wirklich nicht gemeint, und da Du mich kennst, müßtest Du wissen, daß ich am allermeisten mich selbst veräppelt habe. Ich weiß, daß Du kein Dilettant bist, und ich weiß auch, daß Du recht hast, wenn Du mich als »Einzigen Real Existierenden Dilettanten« beschimpfst. Aber mußt Du die ollen Kamellen aufwärmen? Daß ich mit meinem zwei linken Händen der Grund dafür war, daß wir das Dach zweimal decken mußten – geschenkt; daß ich keinen Nagel in die Wand schlagen kann – ich gebe es zu. Ich habe allerdings, das mußt Du mir zugestehen, nie behauptet, daß derlei Fähigkeiten zu meinen Stärken gehören. Ich bin mir auch nicht mehr so sicher wie früher, »daß ein Mensch sich selbst von der Erde ernähren können muß, bevor er den Frieden mit sich und der Gesellschaft finden kann«, wie Du schreibst. Ich glaube, daß Du selbst weißt, daß Du mit diesem Satz etwas wütend-romantisch überzogen hast und daß solche Sprüche eher in die siebziger Jahre passen denn in unsere bewegten, ausgehenden Achtziger.

Zur reinen Belustigung war meine Miniatur nicht gedacht, auch wenn ich versucht habe, ein im Kern sehr ernstes Thema mit den Übertreibungen der Glosse zu behandeln: Das Thema der Kulturspaltung, die viel tiefer geht, als ich sie mit meinen beiden Charakteren beschreiben konnte. Es ist eine Spaltung, die mich beunruhigt. Wenn man genauer hinsieht, entpuppen sich viele unserer gemeinsamen Freunde schlichtweg als arme Leute ohne Zukunft. Gewiß, sie sind ehrenwert, weil sie sich weigern, sich zu etablieren und die Fahnen der Zivilisationskritik hochhalten. (Nein, ich meine wieder nicht Dich. Die meisten haben kein Haus und kein halbes Tal wie Du, sie haben auch nicht fünf Jahre als *Art Director* in einer Werbeagentur gearbeitet.) Ich möchte jetzt nicht ausführlicher von Ernst erzählen, der immer noch mit dem Esel durch Südspanien zieht, und dem es, wie man hört, ziemlich dreckig geht, jedenfalls klagen seine Freunde, daß sie ihm ständig Geld schicken müssen. Auch nicht von Anne, die auf dem Land lebt, inzwischen vier Kinder hat und die »Amme vom Dorf« genannt wird. Auch nicht von Karoline, die, die ihr Leben nicht geregelt kriegt und immer mit einem Bein in der Anstalt steht. Ich weiß nur, daß es mit Mitte dreißig ziemlich schwierig geworden ist, noch als Desperado herumzulaufen. Das Stichwort heißt: schleichende Verelendung. Vielleicht heißt es auch wieder einmal: Erwachsenwerden.

Was also ist das Erwachsenwerden? Wie oft haben wir schon darüber gestritten und wie oft sind wir an diesem schillernden Begriff gescheitert. Definieren wir es für unsere eigene Generation, und für die heißt Erwachsenwerden zunächst einmal: *Überwindung des Trotzes.* Weil wir nicht so werden wollen wie unsere Väter, müssen wir ganz anders werden. ›Müssen‹ ist das Kernwort, nur: Wir können nicht. Der (notwendige) Trotz hat unsere Generation geprägt wie keine andere; diejenigen, die erst in den Siebzigern fünfzehn wurden, hatten meistens schon wieder weniger Anlaß dazu. Und aus lauter Trotz haben wir uns auf eine indirekte negative Programmierung eingelassen. Wie wir uns drehen und winden! Vor lauter Angst, nationalistisch zu werden wie unsere Väter, müssen wir uns dauernd von allem, was auch nur den Anschein von Deutschsein hat, distanzieren. Wer mit achtzehn nicht Sozialist war, ist dumm, wer es mit vierzig noch ist, ist noch blöder – dieses Verslein haben uns unsere Väter oft genug erzählt. Ihre Stimme klingt uns immer noch laut und übermächtig in den Ohren. Aus lauter Trotz spielen wir noch mit fünfunddreißig den wilden Mann, wettern wie die Automaten auf die Politiker, tragen wacker weiterhin unsere abgewetzten Lederjacken, obwohl sie uns längst nicht mehr stehen, und quetschen uns in zu eng gewordene Jeans und in ideologische Korsetts, die uns längst nicht mehr passen. Unsere Väter haben siegen wollen, erst im Nazi-Deutschland, dann im Wirtschaftswunder – um so mehr müssen wir nun die Verlierer bleiben. Um nicht irgendein Wohnzimmer mit einem Fernseher und einer Couchgarnitur einzurichten und darin zu versumpfen, müssen wir ständig emigrieren. Vielleicht auch zu den Hütten in den toskanischen Bergen.

Erwachsenwerden ist so etwas wie: *trotzdem tun*. Es gehört ein gewisser Stoizismus dazu. Dickköpfigkeit. Ein Mangel an Prinzipientreue. Eigensinn. Eine Geduld ohne Resignation.

Damit haben wir immer unsere Probleme gehabt, lieber Karl. Wir liebten das Hundertachtzigprozentige, glaube ich, und manchmal denke ich, Du liebst es immer noch, auch wenn es nicht mehr das Politische ist, dem Deine Aufmerksamkeit gilt. *Trotzdem tun* – obwohl niemals eine wahre, wahrhaftige, ganze Utopie daraus wird. *Trotzdem tun* – obwohl man sich, immer, die Finger schmutzig macht. *Trotzdem tun* – obwohl es einem unter den Händen zerrinnen kann. Etwas durchziehen, jahrelang, mit allen Zweifeln, gegen alle Zweifel, im vollen Bewußtsein der Unvollkommenheit und Begrenztheit. Das ist wirklich schwer. Vor allem mußten wir dieses »trotzdem tun« immer hart bekämpfen, weil es irgendwie so an unsere Väter erinnerte, die *trotzdem* in den Krieg zogen und danach *trotzdem* wieder alles aufbauten, *trotzdem* unsere Mütter unterdrückten und *trotzdem* ihr Leben niemals aufrecht lebten. Aber da ist ein Unterschied. Ein kleiner, aber gewaltiger Unterschied. Das »trotzdem«, das ich meine, ist nicht verdrängerisch. Es weiß. Es ist nicht darauf ausgerichtet, all das zu tun, was alle anderen tun. Sondern, wieder im Wortsinn, etwas *Eigenes*. Es beinhaltet eben auch das »*trotzdem-nicht-tun*«, an dem es unseren Eltern so mangelte – die Fähigkeit, laut und deutlich Nein zu sagen, ist Voraussetzung. Merkmal dieses *Eigenen* ist gerade, daß es nicht vermittelt ist, nicht bezogen ist auf die Masse, die Moden, die

Politik, auch nicht auf die Revolte-Politik oder Anti-Politik oder welche Drehungen und Wendungen uns noch einfallen. Dieses »trotzdem« ist eine Art Selbstzweck, ein antiideologischer Aal, den man niemals zu fassen kriegt. *Trotzdem tun*, das heißt: Die Realität akzeptieren, aber die Moral trotzdem nicht fahren lassen. Eine Art Lebensspagat. Oder, wie es neudeutsch heißt: ein *standing*.

Was ich mit meinem kleinen Exkurs allerdings auch sagen wollte: ich mag den Zyniker und Freund der herben Weißweine, der sich in einem Job herumschlägt, das Beste herauszuholen versucht, lieber als diejenigen, die mir immer noch ihre Prinzipien hinterherwedeln und bei jeder Ironie Verrat wittern. Erwachsensein – das heißt eben: auch ohne diese Maßstäbe auszukommen, ohne diese Vermessungsaktionen der Weltbilder und Moralgebäude.

Die Distanz, die wir angstvoll zu den ideologischen Gegnern bewahrt haben, wird uns auch in der politischen Geschichte der Bundesrepublik zunehmend zum Verhängnis. Um im Bild zu bleiben: Dadurch, daß so viele von uns Dilettanten geblieben sind, statt Profis zu werden, beherrschen die falschen Profis den Diskurs über die gesellschaftliche Zukunft. Das Genörgel der Grünen über die Gefahren der Gentechnologie, der Atomkraft, der Rüstung – ist es nicht grausam dilettantisch? Wird nicht immer erst dann etwas gesellschaftlich brisant, wenn sich die Kreise vermischen, wenn Richter Munitionsdepots blockieren und Physiker aufstehen und »Nein« sagen, wenn die *Profis* die Moral vertreten? Ich werde das Gefühl nicht los, daß wir mit unserem Puritanismus, unserer Verzichtsethik das Schlimme eher noch verschlimmert haben, und hier wird die Profi-Dilettanten-Frage politisch. Könnte es nicht sein, daß sich die Lager zum Beispiel in der Frage der Atomenergie nicht entlang banaler Energieversorgungsfragen scheiden, sondern entlang des Grabens zwischen Profis und Dilettanten? Ist nicht der Karren in der AKW-Frage (wo die gesellschaftlichen Mehrheiten klar auf ›unserer‹ Seite sind) auch deshalb so festgefahren, weil wir einer Wahnsinns-Technik nur eine Dilettanten-Kultur entgegenzusetzen haben? Wo sind die Bio-Ingenieure, die der Gentechnik ökologisches Wissen entgegensetzen? Wo die Profi-Architekten, Ingenieure und Solarkoryphäen, die den AKW-Betreibern modernste elektronische Steuerungsanlagen für Sonnenhäuser um die Ohren hauen? Wo die Management-Cracks, die den Atomtechnologen mit Hochtechnologie entgegentreten?

Sie sind nirgendwo, lieber Karl, und das ist auch unsere Schuld. Sie sind selten, weil sie sich dauernd legitimieren müssen, und sie müssen sich dauernd legitimieren, weil in Deutschland die Weltbilder ideologisch durchgestylt sein müssen. Wer gegen Atomkraft ist, ist gegen Hochtechnologie. Basta. Er muß das nicht einmal sagen. Das geht gefühlsmäßig. Man fährt Fahrrad, kauft sich Bastteppiche, ist gegen AKWs und läßt sich einen Bart wachsen. Und schon besetzt man eine ganze Weltanschauung. Da kommt keiner mehr hinein, der kein Fahrrad fährt und keinen Bart hat. Könnte es sein, daß die hartnäckige Weigerung der deutschen Wähler, so viele Grüne ins Parlament zu wählen, daß die Atomkraftwerke abgestellt werden, nichts damit zu tun hat, daß die Leute Atomkraft wollen, sondern daß sie den umfassenden Dilettantismus fürchten? Daß sie keine Lust haben, permanent an Sonnenkollektoren herumzureparieren und umgefallene Windrotoren nach jedem Sturm wieder aufzurichten?

Lieber Karl, verzeih, das ist, zugegeben, bösartig. Ich höre ja schon auf mit den Profis und den Dilettanten, und Deinen etwas störanfälligen Windrotor wollte ich auch nicht schmähen. Ich habe nur einen Verdacht: Daß »Professionalismus« und »Dilettantismus« längst geschichtsmächtige Kräfte geworden sind, viel mächtiger als politische Strömungen und die sogenannten »objektiven« Tendenzen. Daß die eigentliche, die wirkliche Kulturspaltung längst nicht mehr zwischen »fortschrittlichen« und »reaktionären« Lagern, zwischen »Technokraten« und »Umkehrern« besteht, sondern eben zwischen Profis und Dilettanten. Daß die Fähigkeit des einzelnen, in dieser Gesellschaft sein Glück zu finden (und sie dabei auch ein winziges, aber wichtiges Stück zu verändern), nicht mehr primär von seinem Stand, seiner Schicht und seinem Portemonnaie abhängt, sondern von seinem Status als Profi oder Dilettant. Ich ahne auch, daß die chronische Arbeitslosigkeit mehr mit Zugang oder Nicht-Zugang zu »Zivilisations- und Kulturtechniken« zu tun hat, als mit dem Treiben der bösen Kapitalisten, daß die dauerhafte soziale Not viel mehr durch das Selbstbild ihrer Opfer geprägt ist, als von der Unfähigkeit der Arbeitsämter. Es ist, als ob in unserer Gesellschaft eine wachsende Schicht von Menschen zu »dilettantischen Anachronisten« würde. Sicher: ein Skandal. Sicher: eine Schweinerei. Aber ob die linke Antwort, hier müsse umverteilt und die Technologie gedrosselt, das Räderwerk der gesellschaftlichen

Maschine gestoppt werden, die richtige ist, wage ich sehr zu bezweifeln. Und ob wir nicht selber allzu sehr und allzu lange ins Horn des Dilettantismus geblasen haben – und nun die Regressions-Besen, die wir riefen, nicht mehr so recht loswerden?

Ich meine ja nur. Ich vermute ja bloß.

6.
Der große Rausschmiß
Kinder, wollt ihr ewig kleben?

»Lieber Papa,
ich halte es keine Sekunde länger in Deiner Wohnung aus . . .«
Ich in einem Brief an meinen Vater, 1972

»Müssen wir heute schon wieder machen, was wir wollen?«
Kai aus dem Kinderladen, 1975

»Wenn Ihr mir schon nicht sagen könnt,
wo's langgeht im Leben,
wären 1000 Mark Dauercash im Monat wenigstens angebracht.«
Gerriet, 17, heute

Es war an einem nebligen Oktobermorgen des Jahres 1985, als
Karin F., Mutter des siebzehnjährigen Michael F., endgültig zur
Entkinderung schritt. Michael hatte am Tag zuvor wieder einmal
die Schule geschwänzt, zum achtundvierzigsten Mal in diesem
Halbjahr. Am Abend vorher war es zu einer Riesenbrüllerei mit
umgeworfenen Stühlen und zerschlagenen Kaffeetassen gekommen, danach war Michael mit hundert Mark aus Karins Portemonnaie verschwunden, um sich in den Discos der Stadt zu amüsieren.
Da er seinen Haustürschlüssel zum hundersten Male verschlampt
hatte, kotzte er morgens um vier lautstark vor die Tür. Durchaus
stilgerecht, denn Michael war seit geraumer Zeit überzeugter Punk,
genauer ein »Hardcorepunk« (worauf er besonders stolz war). Er
stand (total, ächt!) auf Bier, Abhängen und Kotze aller Art. Er
liebte es, alten Omas ein kerniges »Fuck« zuzurufen, laut zu rülp-
sen, wann immer es ging und bisweilen faschistische Lieder zu
singen, weil er wußte, daß dies das einzige war, was Karin und ihren
Freund noch wirklich provozierte.

Während ihr Sohn auf dem Treppenabsatz schnarchte, begann
Karin damit, seine Zimmereinrichtung Stück für Stück aus dem
Fenster im zweiten Stock zu werfen. Die Doc-Martens-Stiefel. Den
übriggebliebenen Teddybär aus vergangenen Tagen. Den Flitzebo-
gen. Die Boxhandschuhe, die zerrissenen T-Shirts, die zerrissenen
und bemalten Hosen, die drei Lederjacken, alle zerrissen, die zerrissenen Pullover. Einen alten Armeeschlafsack. Dann machte sie sich

daran, Michaels Stereoanlage zu demontieren. Sie trennte die Boxen vom Verstärker, ließ säuberlich den Tonarm einrasten und trug die Komponenten eine nach der anderen hinunter auf den Bürgersteig, wo sie alles sorgfältig aufeinanderstapelte. Mit Michaels Ikea-Bett verfuhr sie ebenso. Als sie es auf dem Bürgersteig wieder aufgebaut hatte, packte sie den großen, schweren, schnarchenden Michael an den Schultern und schleifte ihn die Treppe hinunter. Unten legte sie ihn auf das Bett und nahm ihm den Wohnungsschlüssel ab. Dann holte sie ihren gepackten Koffer, schloß dreimal die Tür ab und fuhr zum Flughafen, wo sie keine Stunde brauchte, um einen Platz nach Teneriffa zu finden.

Die Polizistin, die kurz darauf den schnarchenden Michael fand, war ratlos. Sie brachte ihn in die Ausnüchterungszelle, wo er eine Weile rumorte. Am Vormittag entließen sie ihn; davon, daß er von seiner eigenen Mutter hochkant herausgeschmissen worden war, erzählte er nichts. Sie sei verreist, sagte er. Es gab noch nicht einmal eine Anzeige wegen Vernachlässigung der Sorgfaltspflicht, denn Michael beteuerte verkatert, daß er sich keinesfalls vernachlässigt fühle.

Michael hat sich in die kleine, aber stetig wachsende Schar der Kids eingereiht, denen die Eltern die rote Karte gezeigt haben. Sie bevölkern die Plätze der Innenstädte, und meistens ziehen sie sich irgendwann auf ein Terrain zurück, auf dem Überleben ohne Geld in der Bundesrepublik noch möglich ist, nach Kreuzberg etwa. Man erkennt sie an ihrem verträumten Blick, ihrer seltsamen, entrückten Melancholie – und ihren ständig wechselnden Wohnsitzen. Einige landen in einer Stadtindianer-Kommune und werden zu ›Revolte-Zombies‹. Und immer wirken sie wie Schlafwandler. Extrem erwachsen und zugleich extrem kindlich.

Zum Beispiel Martina aus Frankfurt. Sie ist jetzt, drei Jahre nach dem häuslichen Rausschmiß, zwanzig, aber sie wirkt immer noch, als wäre sie gerade erst durch Alices Spiegel hindurch in die Welt getreten, hat dabei aber einen gnadenlosen Trotz, der jederzeit abrufbar ist, wenn man sie nach ihrer Mutter fragt. »Ich habe mich eben schneller entwickelt, als die mitgekommen ist«, sagt sie mit dickem Schmollmund, und man meint, sie unter dem Tisch aufstampfen zu hören. »Meine Mutter war in unserem Zusammenleben total unverschämt. Ich war wißbegierig, ich habe immer mehr Freiheiten gewollt, ich hab mich gegen jedes Verbot, jede Ein-

schränkung gewehrt wie ein störrischer Gaul.« Wovon sie lebt? Was
sie vorhat? Na ja, der Papa zahlt ein bißchen. Ihr Blick verklärt sich.
Araberhengste würde sie gern züchten, zu Pferden hat sie einen
Draht. Ab und zu schneidert sie Klamotten und verkauft sie, sie
wäre eine verdammt gute Designerin, wenn man sie ließe. Und
eigentlich möchte sie immer nur fort, irgendwohin, wo es warm ist,
wo vor allem die Menschen »nicht so kalt zueinander« sind. In der
Zwischenzeit wohnt sie, nach einigen gescheiterten Wohngemein-
schafts-Versuchen, bei ihrem »Omilein«, die endlich zu ihr steht
und sie versorgt. Ganz ohne Ansprüche an sie zu stellen. »Ansprüche an andere Menschen«, sagt sie, »sind sowieso der Tod. Man
sollte niemals, niemals Erwartungen haben. Man soll die Menschen
einfach nur lieben, besonders die Kinder. Wale und Bären machen
das ja auch. Sie versorgen ihre Kinder lange und lassen ihnen
trotzdem alle Freiheiten!«
Ich ertappe mich dabei, wie ich angesichts dieser Geschichte
unwillkürlich in den Rastern der neudeutschen Sozialanalyse
denke: Das muß ein krankmachendes Elternhaus gewesen sein, mit
Verboten und all diesen traumatisierenden Kindheits-Erwartun-
gen, den »Es-soll-mal-was-aus-Dir-werden«- und »Daß-Du-uns-
das-antun-mußt«- und »Wir-wollen-nur-Dein-Bestes«-Zeigefin-
gern. Ich denke an geistige, räumliche und seelische Enge. An
Bigotterie. Kommunikationsunfähigkeit. Illiberalität. An Repression durch ignorante Väter und erdrückende Mütter. Aber so
schlicht liegt das Problem nicht.
Martinas Mutter Jutta ist 38, seit zehn Jahren geschieden, mit
festem Freund, sie wohnt in einem wunderschönen Jugendstil-
Haus, in dessen Fenstern sich die Apfelbäume spiegeln. Sie ist das,
was man eine emanzipierte Frau nennt. Im Zimmer stehen gebeizte
Vitrinen, hängen Marionettenpuppen, auf dem verschnörkelten
Sofa schnurren zwei dekorative Kater. Jutta arbeitet als Sekretärin,
sie mag ihren Beruf. Sie ist eine jener lebenshungrigen Enddreißi-
gerinnen, die in den frühen sechziger Jahren nach den alten
Konventionen sehr früh geheiratet haben und dann, vom achtundsechziger Wind beflügelt, sich in den siebziger Jahren aus einer
tödlichen Normalehe befreit haben, bevor die Falle auf ewig zu-
schlug und ein »Frauenschicksal« daraus wurde. Selbstbewußt,
stark, schön und tolerant. Klug, aufmerksam. Und traurig, bei
diesem Thema.

»Ich habe sie eigentlich sehr wenig erzogen«, sagt sie, während sie Tee in die bauchigen Tassen einschenkt. »Sie hatte alle Freiheiten, und ich war immer Ansprechpartner für ihre Sorgen und Nöte. Wir sind gemeinsam in Urlaub gefahren, sind durch die Berge gewandert. Schon mit fünfzehn ist sie nachts um zwei Uhr nach Hause gekommen, und es war kein Problem. Ich habe sehr wenig Druck gemacht, ich habe einfach versucht, gut mit ihr zusammenzuleben. Was mich am Ende wahnsinnig gemacht hat, war ihr grenzenloser, rasender Egoismus. Diese verdammte Asozialität, die an Autismus grenzt!«

Und dann erzählt sie die Geschichte einer modernen Hausbesetzung ohne Fahnen und Transparente: Wie Martina einen neuen Freund hatte, sich mit dessen Clique bis in jeden Winkel des Hauses ausbreitete und Kiff-Feten bis zum Morgen feierte. Wie ihr Chaos immer mehr aus ihrem Zimmer quoll und das kleine Haus in Beschlag nahm – während Jutta den ganzen Tag arbeitete. Wie sie aus der gemeinsamen Haushaltskasse klaute und beim Lügen nicht mit der Wimper zuckte. Wie sie mit ihrer Truppe den Kühlschrank leerfraß und nie auch nur einen Teller abwusch. Wie sie permanent die Schule schwänzte, nach einer Dröhnparty mittags mit verquollenen Augen aus dem Zimmer stolperte und sich beschwerte, daß Jutta, die fast nie vor Ladenschluß aus dem Büro kam, keine Milch eingekauft hatte.

In einer solchen Situation hat sie der Tochter eine gescheuert. Das brachte drei Wochen schlechtes Gewissen und ebensolang Entspannung. Dann mischte sich die Familie ein. Die Schwiegermutter. Die Oma. Sie drohten: Du vernachlässigst das Kind! Du mußt sie mehr verstehen!

»Ich habe sie immer verstanden«, sagt Jutta. »Vielleicht war es gerade das.«

Als Martina nach einem Ultimatum der Mutter und heftigen Gefechten mit Verwandtschaft und Familienämtern endlich auszog, gab es noch einmal eine Familienkonferenz. Es ging um den Unterhalt. Martina sagte damals: »Mit 1300 Mark käme ich ganz gut über die Runden.« Jutta verdient 2000 netto im Monat.

Der fortschrittliche Beobachter geht nun mit linkspädagogischer Schärfe ans Werk: Gewiß, Martina ist ein Scheusal. Aber Martina ist ein Kind, folglich ein Opfer. Also muß Jutta Fehler gemacht haben, schlimme Fehler, denn sonst wäre es nicht so weit gekommen. Wahrscheinlich, so vermuten wir, war gerade ihre Toleranz grundfalsch, vielleicht steckte gerade in ihr eine ganz subtile, gerade deshalb besonders verwerfliche Repression. Vielleicht hat sie sich nicht genügend auseinandergesetzt mit Martina, hat sich nicht genügend gekümmert, hat nicht genug – –.

Auf jeden Fall sitzt Jutta auf der Anklagebank – was sie auch sagt, man wird ihr kaum glauben, denn hinter jeder Behauptung kann ja Legitimation stecken, Nicht-Erkenntnis, Verdrängung. Jedenfalls: Was früher adelte, die Toleranz, der Freiraum in der Erziehung, zählt längst nicht mehr als Argument. Die Sprache der liberalen Pädagogik fällt auf jeden Fall auf diejenigen zurück, die sie entwickelt und gepflegt haben, wenn der meßbare Erfolg eines glücklichen, realitätsfesten, intelligenten, toleranten, schlichtweg wunderbaren Kindes nicht vozuweisen ist. Auch im fortschrittlichen Bekanntenkreis von Jutta. Moderne Eltern müssen nicht nur tolerant, offen, sensibel sein, sie müssen auch noch Autorität haben – und »Formungsgewalt« über ihr Kind.

Aber gehen wir noch einmal zurück in die Vergangenheit, in die sechziger und siebziger Jahre. Da war es einfach, es gab den Kampf gegen die Eltern. Die Fronten waren klar: Der Zeitgeist stand links, was zählte, war die Provokation. Die Väter schwärmten bisweilen noch vom Rußlandfeldzug, die Mütter machten sich ständig Sorgen. Mit Genuß entdeckte man das Reich des Haschisch und der Musik. Alles war neu und anders, und es genügte der laut aufgedrehte Hendrix oder ein Che-Guevara-Plakat, um die Alten zur Weißglut zu treiben. Sie lebten hinter dem Mond ihres Wirtschaftswunders, hinter ihren Barrikaden aus Teakholzmöbeln, Familienfeiern und Sprüchen von Ordnung, Fleiß und Leistung. Den Jungen gehörte die Welt.

Und heute? Die Aufständischen von damals sind die Eltern von heute. »Erziehen«, sagt zum Beispiel Wolfgang S. aus Bremen, Rechtsanwalt, alleinerziehender Vater und ganz und gar der Typus des linksgrünen Achtundsechziger-Intellektuellen, »Erziehen ist in den achtziger Jahren und in meiner Generation zu einem Kopf-Problem geworden – wir haben es gründlich verlernt. Aus lauter Angst, so zu werden wie unsere Eltern, verhalten wir uns total diffus und reflektieren alles zu Tode. Heute, nach all den Jahren antiautoritärer Denkweise, liegen mir wieder diese Sätze ganz vorne auf der Zunge: Solange Du Deine Füße unter meinen Tisch streckst . . . Irgendwie haben wir alle Positionen geräumt, in denen wir uns mit den Jugendlichen wirklich auseinandersetzen können. Sie nehmen uns nicht mehr ernst als Kontrapart. Und deshalb träume ich heute wieder von etwas wie – Strenge.«

Starke Worte. Man muß Esther kennen, seine vierzehnjährige Tochter. Ein Vamp mit Jungfrauenblick, die Fremdwörter sammelt. »Er nervt mich so penetrant«, sagt sie über ihren Vater. »Ächt! Tausendhaft Streit haben wir, und ständig diese schlauen Nervdiskussionen, ächt.«

Linksalternativer Vater – modebewußte Tochter. Und ewig währet die Revolte. Statt mit Che und Mao sind die Wände von Esthers Zimmer mit Werbeplakaten gepflastert, Lacoste, Esprit, Marco Polo, und Wolfgang findet das entsetzlich. Aber er versteht es »irgendwo«. Esther sagt: «Ich bin toootal materiell. Ich leih mir dauernd Geld und geb's nie zurück! Ich kann gar nicht genug geile Klamotten haben. Und wenn mir der Wolfgang mehr Geld geben würde, würde ich noch mehr Geld haben wollen. Und wenn ich bis drei in die Disco dürfte, wollte ich bis fünf. Allerdings – wenn er mir überhaupt keine Verbote mehr machen würde, käme ich mir gaaanz vernachlässigt vor!« Die Lider der Lolita plinkern. Und was sagt Wolfgang dazu? Man ahnt es schon: »Mich macht das fertig. Aber ich kapier es auch. Was sollen die Jugendlichen denn heute machen, um ihren eigenen Stil zu entwickeln?«

Was immer man als Vierzehnjährige veranstaltet, die modernen Eltern sind schon da. Herzlich schließen sie einen in die toleranten Arme und begraben den Konflikt unter Verständnis und wortreicher Ratlosigkeit. Den ersten Pickeln rücken sie mit Aids-Aufklärung zuleibe, auf schulische Katastrophen reagieren sie mit Überdosen von Verstehen, bei Liebeskummer kommen sie mit der Telefonnummer des Schulpsychologen; kaum, daß einer mit den Türen knallt, schon wird eine Familienkonferenz einberufen, bei mitlaufendem Tonband zur nachträglichen Diskussion in einer Elternschafts-Supervisionsgruppe. Die modernen Amateurpädagogen klauen einem als Eltern die letzten Geheimnisse, interessieren sich für jede Seelenregung – um sie sogleich in ihrer großen psychologischen Krabbelkiste zu verstauen. Klar, wenn sie ins Zimmer wollen, klopfen sie – aber gerade deshalb bleibt die Tür niemals zu. Moderne Eltern sind alles, nur eines sind sie nicht mehr: Autoritär. Dieses Wort fürchten sie wie der Teufel das Weihwasser.

Währenddessen führen sie Tagebuch über die Entwicklung des Kindes. Halten alles fest in einer großen Mappe, in der bis zum fünfundzwanzigsten Lebensjahr Platz ist – auf Umweltschutzpapier.

Die Szene spielt nicht nur in alternativen Kreisen, bis tief in die klassische Kleinfamilie haben sich antiautoritäre Versatzstücke verbreitet. Der Grund, der sich heute, tief in den Achtzigern, zum Phänomen des Rausschmisses verdichtet, wurde schon in den siebziger Jahren gelegt: Die Pädagogisierung der Gesellschaft. Das psychologische Vokabular hat im Sturmlauf die Kleinfamilien erobert – als Wunderwaffe gegen die massenhaften »sprachlosen« Aufstände der frühen Siebziger. Die Antwort der Eltern auf diese Aufstände war ebenso massiv wie die Brüche zwischen den Generationen – sie wurde forciert von der panischen Angst um den totalen Verlust des Lebensinhalts »Familie«. In den siebziger Jahren haben die Eltern viel gelernt. Die Konfliktsprache wurde in den Generationenkampf eingeführt. Die Toleranz grassierte in einem Ausmaß, das nur allzu deutlich machte, daß sie kein Selbstzweck war. Wer in den Siebzigern den großen Krach mit den Eltern austrug und jüngere Brüder oder Schwestern hat, kennt das: die Geschwister wurden mit allen Mitteln der Pädagogik, der Toleranz- und Psychosprache wieder in die Familie integriert, sie genießen heute sämtliche Freiheiten wie selbstverständlich, die der juvenile Revoluzzer für sich selbst hartnäckig erkämpfen mußte. Sie erlebten eine Aufmerksamkeit, die jeden Gedanken an Aufstand und Querköpfigkeit im Keim erstickte.

War es nicht immer das, was die Achtundsechziger-Generation wollte? Verständnis. Toleranz. Freiräume. Aufmerksamkeit statt Carrera-Autobahnen zum Geburtstag. Aber in einem großen weltanschaulichen Rundumschlag wurde in vielen Familien jegliche Chance einer echten Auseinandersetzung vertan. Denn die braucht einen Widerstand. Um sich von den Eltern zu lösen, muß man sie zumindest eine Weile als Vorbild und Orientierung gehabt haben. Moderne Eltern aber würden sich eher die Zunge abbeißen, als den Kindern sagen, wo's lang geht. Sie sind, im Wortsinn, »verzweifelt«. Sie trauen sich nicht. So entsteht zwischen den Generationen eine Gummiwand, und zur Gummiwand gehört die Kumpelei. Die Unsicherheit wird zur Suche nach Gleichheit. Väter fahren jetzt Kanu mit ihren Söhnen und reden krampfhaft so mit ihnen, als seien sie erwachsen. Mütter gehen mit ihren Töchtern in neue deutsche Filme, machen gemeinsam mit ihnen den Haushalt (»Sabine – bestimm Du doch mal das neue Geschirr«) oder nehmen sie mit auf jedes Fest. Bei Alleinerziehenden bleiben jetzt eine Weile die Türen offen, wenn sie es mit ihren neuen Liebhabern treiben. Der Zweifel hat jeden Gedanken an Erziehung zernagt, und nun muß das Kind Kumpel sein, Vertrauter, Partner. Der Vater wird zum guten Onkel, die Mutter zur fürsorgenden großen Schwester.

Doch nun folgt unausweichlich die Phase, in der eine äußerst verquere »Rebellion« beginnt. Sie kündigt sich an durch eine Art nörgelnden Überdruß. Die Kinder und Jugendlichen, die zum Kumpel erzogen (oder besser nicht erzogen) werden sollen, reagieren verstört und störrisch. Sie merken ziemlich schnell, daß etwas nicht stimmt, daß ihnen etwas verweigert wird. Sie werden nicht mehr geleitet, sondern zur Autonomie gezwungen. Sie reagieren mit gemischten Gefühlen. Sie versuchen, die alte Autorität, die viel mehr Sicherheit und Orientierung bot als die Kumpelei, durch absurde Provokationen wiederherzustellen. Die »narzißtische Provokation« verfolgt nur ein Ziel: gestraft zu werden. Und dadurch die alten Rollenbilder, an denen man sich orientieren konnte, wiederherzustellen.

Doch dazu ist es längst zu spät. Die Eltern sind der Sache bald müde. Sie fühlen sich bitter enttäuscht: Haben sie nicht alles unternommen, um andere, bessere Eltern zu sein, ja sogar Nicht-Eltern, beste Freunde der Kinder? Die Stimmung kippt. Wozu, denken die modernen Eltern, sollen wir mit dieser Brut überhaupt noch zusammenleben? Sie denken ja nur an sich selbst. Wenn sie wenigstens aus klar erkennbaren Gründen rebellieren würden! Freilich ahnen die Eltern längst, daß der »Narzißmus-Aufstand« ein Einfordern von Autorität ist. Aber das macht sie nur noch müder, denn genau darauf haben sie nun partout keine Lust mehr. Außerdem wissen sie, daß es längst zu spät ist. Ein Endloskreislauf entsteht. Die Kinder provozieren und sind längst so unerträglich geworden, daß es tatsächlich nicht mehr zum Aushalten ist. Geben die Eltern auch nur einen Millimeter nach, strafen sie endlich, verhalten sie sich endlich einmal wohltuend autoritär, reagieren die Söhne und Töchter mit einem Schwall von Anforderungen und erneuten Provokationen, um die zaghaften Ansätze einer Rollenrestauration zu prüfen. Wie weit kann ich gehen? Ist es wahr?

Mach endlich, was du willst! Sei autonom! lautet nun um so mehr die gequälte Eltern-Botschaft. So lebt man sich programmiert auseinander. Zum Schluß bleibt nur noch der Showdown.

Die Zeiten, in denen der Sinn des Lebens durch die Kinder definiert wurde und ihr Auszug eine tiefe Krise auslöste, scheinen vorbei.

Der Rausschmiß aus verletzter Elternliebe

Manfred ist heute einundzwanzig. Seine Mutter fiel nach ihrer Scheidung vor fünf Jahren in eine, wie er es diskret ausdrückt, schwierige Phase. »Sie kam dauernd zu mir und klagte mir ihr Leid, über die Männer und das Leben. Sie wurde depressiv und klammerte sich an mich, als wäre ich ihr Ehemann. Ich mußte nachts an ihrem Bett sitzen und ihr Pillen bringen und sie bekochen und für sie einkaufen. Als ich nicht so reagierte, wie sie hoffte – nämlich mit Liebe und Verständnis – schmiß sie mich raus. Und dann fing sie mit dem Saufen an.«

Später lieh Manfred seiner Mutter Geld – viel Geld, über 20 000 Mark, alles, was er mit einem Job als Dressman verdient hatte. Er hat es nie wiedergesehen. Er hat jahrelang ein Auge zugedrückt. Erst als er total pleite war, verklagte er sie vor Gericht. Das Verfahren läuft noch, und die Juristen verzweifeln.

Die Kinder als überforderte Therapeuten, als Tröster in der Midlife-Crisis, als Beziehungsersatz für wackelige Erwachsenenpsychen, als Schachfiguren in den Ehekriegen der Scheidungsgeneration. Wollen und können sie diese Rollen nicht spielen, geraten sie auf die Abschußliste. Mit spätestens vierzehn haben sie viel gelernt: Die Erwachsenen sind die größten Kinder.

Rausschmiß wg. zweiter Frühling

Felix ist ein ruhiger, melancholischer Typ, der überaus erwachsen wirkt. Ein Realist, sparsam und pünktlich. Für seine Kameramann-Ausbildung steht er jeden Morgen um sechs korrekt gekleidet auf der Matte. Das Vorurteil sagt: Felix ist der stromlinienförmige Karrierist der achtziger Jahre. Wer seine Geschichte kennt, sieht es anders.

Es war gegen Ende der siebziger Jahre, als Felix' Eltern, die eine gutgehende Konditorei im Vorort einer Großstadt besaßen, auf den

Aussteiger-Trip gingen. Der Vater ließ sich einen Rauschebart wachsen und wurde weich und weise, die Mutter hüllte sich, vierzig-jährig, in weite Kleider, lernte Tarotkarten legen, demonstrieren und für das Leben kämpfen. Felix war sechzehn. Die Eltern trenn-ten sich, die Konditorei wurde verkauft, der Vater ging nach Süd-frankreich und kaufte dort ein baufälliges Steinhäuschen, wo er mit dem alternativen Leben begann. Felix zog mit.

Es dauerte keine drei Tage, bis ihm klar wurde, daß das nicht seine Sache war: Steine schleppen, Ziegen melken, meditativ den Mond begucken – Felix hatte unter Schmerzen seine Großstadt-Clique verlassen, ein Ersatz war in der südfranzösischen Hügel-landschaft weit und breit nicht in Sicht. Er schrieb seiner Mutter nach Hamburg, daß er auf der Stelle zurückwolle. Und die schrieb zurück: »Ich kann Dich überhaupt nicht brauchen!«

»Ein Schock«, sagt Felix. Er setzte sich trotzdem in den Zug. Er wohnte trotzdem bei seiner Mutter in der Rumpelkammer – für eine eigene Wohnung reichte das Geld nicht. Er war gerade noch geduldet. »Sie versuchte krampfhaft ein neues Leben. Es war un-glaublich lächerlich. Sie hatte blutjunge Liebhaber, die kaum älter waren als ich. Typen, die sie als Mami bewunderten und sie gleich-zeitig finanziell ausnahmen bis aufs Hemd – und mir gab sie ganz pädagogisch 20 Mark Taschengeld im Monat, damit ich ›mit Geld umgehen‹ lernte! Sie war voll mit alternativen Klischees, die einem die Schuhe ausziehen konnten! Als ich mit fünfzehn Marihuana im Garten anbaute, war sie glücklich – nicht wegen des Kiffens, son-dern weil ich ›Selbstversorgung‹ betrieb. Als ich mir die Haare abschnitt, sah sie mich abschätzig an – und murmelte tatsächlich etwas von ›Neonazis‹. Wie kann man nur so naiv sein.«

Heute lebt Felix bei einer Freundin in einem Vorort Hamburgs im intakten Reihenhausmilieu, er träumt manchmal von einer in-takten Familie, in der Vater noch Vater ist und die Mutter noch Mutter. Aber das ist nur eine diffuse Sehnsucht, Kinder will er keine haben, auch nach Heirat steht ihm nicht der Sinn. Er sagt: »Ich suche irgendwie nach einer Normalität. Aber wie schafft man das – normal zu werden? Ich kenne ja kaum noch Leute, deren Eltern nicht geschieden sind. Ich weiß nur eines: Dieses Spiel zwi-schen Verboten und Widerstand, zwischen klaren Normen der Eltern und dem Versuch der Kinder, sie zu überschreiten – dieses Spiel muß gespielt werden. Man muß es ernst nehmen. Aber kann man das überhaupt noch? Es ist mühsam – wir sind alle viel zu egozentrisch dafür geworden.«

Der saturierte Mittelstands-Rausschmiß

Auch im begüterten Milieu wird inzwischen heftig darüber gebrü-
tet, wie man die Kinder möglichst unauffällig aus dem Haus bekommt. Stefan zum Beispiel. Ein fast schon extremistisch normaler
Geologie-Student im Alter von sechsundzwanzig Jahren. Der Vater
arbeitet im mittleren Management, ist chronisch braungebrannt
und macht Bodybuilding, die Mutter liebt Kulturreisen ans Mittel-
meer und ihren Windhund Astor. Sie erzählt: »Stefan ist ausgezo-
gen, als er achtzehn war, mit unserer Unterstützung und unserem
vollen Einverständnis. Aber das ging nicht lange gut, mit diesen
Wohngemeinschaften. Erst hat er nur die Wäsche nach Hause
gebracht, aber ein Jahr später war er selbst wieder da. Seitdem sitzt
er hier und hat oben im Dachgeschoß eine eigene Wohnung. Ich
finde das allmählich nicht mehr normal, in diesem Alter noch bei
den Eltern, ehrlich gesagt.«
  Worauf Stefan sich seufzend an der Bar einen Drink zusammen-
mixt. Er kennt die Diskussion. Ja doch, er wird sich schon um
›etwas‹ kümmern. »Das sagt er schon seit drei Jahren«, nörgelt die
Mutter, und Stefan schlurft zum Ledersofa zurück, setzt sich und
blickt hinaus auf die Veranda. Ende der Debatte. Und der Vater
knurrt: »Vielleicht müssen wir nach Grönland auswandern, damit
er auf die eigenen Füße kommt.«
  Ein weitverbreiteter Eltern-Alptraum. Stefan, das ist der Proto-
typ der modernen Mittelstandsklette, die partout keine Lust auf
einen Aufstand gegen die Eltern hat. Für Stefan gab es nie einen
Grund, auf den Putz zu hauen – man konnte mit den Eltern über
alles reden, auch über Geld, Urlaubsreisen, Autos. Selbstverständlich hält Stefan Distanz zu seinen Eltern, er lebt sein eigenes
Leben, hat viele Freunde. Er benutzt lediglich das Elternhaus geschickt als Service-Station. Aus höherer Einsicht in die Widrigkei-
ten beim Aufbau einer eigenen Existenz. »Bis ich da draußen eine
Veranda und einen Fernseher hab wie hier, das dauert Jahrzehnte«,
sagt er. Er kennt das harte, autonome Leben von seinen Freunden,
die in Bruchbuden wohnen, ständig Schulden haben und vom
Wohlstand der elterlichen Villa in das soziale Elend des Studenten-

daseins abgerutscht sind. Eine Studentenbude sei nichts für ihn, sagt er, er hat lieber die Technik der Konflikt-Begrenzung erlernt, und das perfekt. So erledigt er regelmäßig und ganz ohne Murren den Abwasch und mäht den Rasen. Er ist freundlich zu seiner Mutter, er versteht sich auf Schmeicheleien und bringt ihr bisweilen einen großen Blumenstrauß mit. Er interessiert sich immer für den Beruf seines Vaters, zumindest versteht er es, Interesse zu simulieren. Er weiß: Die Alten sammeln Gründe für den Rausschmiß. Sie lauern geradezu auf Konflikte.

Die Zeiten, in denen die Mama den Sohn am liebsten bis ins Greisenalter versorgt hätte und der schuftende Papa jeden Pfennig für dessen Zukunft beiseitelegte, sind im Bildungsbürgertum längst vorbei. Gerade die vierzig- bis fünfzigjährigen Mittelschichtler entwickeln heute eine nie dagewesene Mobilität und Konsumlust. Große Reisen, teure Hobbys – wozu den nimmersatten Söhnen und Töchtern noch mit fünfundzwanzig das Geld in den Rachen werfen? Der Wohlstand allerdings regelt den fälligen Rausschmiß meist diskreter: Dem nervenden Zahnarztsohn wird eine Eigentumswohnung zur Verfügung gestellt, die schrille Tochter macht erstmal einen langen Schüleraustausch in den USA.

Der Rausschmiß wird in den neunziger Jahren ein verbreitetes Phänomen sein und ein Forschungsgegenstand für Pädagogen, Soziologen und Sozialforscher. Zu den konsumlustigen Mittelschichten kommen die alleinerziehenden Psycho-Mütter, die in den Mittdreißigern plötzlich merken, daß die Kinder bei der neuentdeckten Orgasmusfähigkeit nur stören. Die Feministinnen, die Anfang der Achtziger die neue Mütterlichkeit entdeckten und heute wieder »Coming Outs« veranstalten, müssen zwangsläufig feststellen, daß Kinder manchmal lästig sind.Die Softie-Väter, die sich im Krisenfall stets zurückziehen, sind ständig schlecht bei Kasse und wollen lieber mit ihrer neuesten Freundin ungestört zusammenwohnen, nachdem sie Ehe und Vaterschaft viel zu früh eingegangen sind. Nicht zu vergessen die wachsende Schicht der Karrieristen, für die Kinder einmal so etwas wie ein ›niedliches‹ Outfit waren – solange sie niedlich und klein blieben. In all diesen Kreisen und Schichten wird über den Rausschmiß nachgedacht – mittlerweile auch ganz offen. Aber wie verkraftet man die »Entkinderung«?

Heute, ein Jahr danach, hat Karin die schlimmste Zeit hinter sich. Sie hat regelmäßig eine Frauen-Selbsthilfegruppe besucht, die sich leicht ironisch »Die Rabenmütter« nennt. Dort versuchen Mütter aus allen Schichten und Parteiungen, mit ihrem Haß auf ihre neurotischen, narzißtischen oder ausgeflippten Kinder fertig-zuwerden.

»Immer wenn ich dieses Lied von Gröhlemeier höre, mit den Kindern, die an die Macht sollen«, sagt Karin, »kommt mir wieder die Wut hoch. Michael war immer schon an der Macht, er hat mich siebzehn Jahre lang terrorisiert, er hat mir das Blut aus den Adern gesogen. Natürlich, ich habe denselben Fehler wie viele Frauen aus meiner Generation gemacht. Ich wollte eher Schwester als Mutter sein, ich wollte obendrein alles besser machen als meine Eltern und habe mich dabei in die Illusion verrannt, Kinder und Erwachsene könnten einfach gleich sein. Aber ›prägen‹ Mütter die Kinder wirk-lich so stark, wie es die moderne Pädagogik behauptet? Michael ist neben einem ›Erziehungsprodukt‹ auch ein autonomer Mensch. Und autonom ist er eben ein ziemliches Arschloch geworden. Punkt.«

Sie lächelt und zieht an ihrem Zigarillo. Man sieht ihrem Gesicht die Spuren dieser Geschichte an, die »bis an den Rand des Wahn-sinns« führte. Die Selbstzweifel. Der Druck, der von den Bekann-ten, auch von den besten Freunden kam, der ewige unterschwellige Vorwurf: Du hast als Mutter versagt. Und dann sagt sie: »Gut. Wir müssen wieder Autorität lernen. Ich denke oft über einen Begriff wie ›Strenge‹ nach, und er gefällt mir immer besser. Aber es wird eine andere Autorität und Strenge sein als die von damals. Die alten Zeiten kommen nicht wieder. In den Siebzigern haben die Söhne und Töchter gelernt, im Ernstfall abzuhauen, jetzt müssen die Mütter mit der Rausschmiß-Drohung gleichziehen. Es gibt keinen Weg zurück.«

Pause. Und dann:

»Ich finde das alles seltsam. Meine Eltern kamen mir immer wie stehengebliebene Kinder vor. Trotzdem konnten sie irgendwie El-tern sein. Wir dagegen haben immer versucht, unheimlich erwach-sen zu sein – und haben doch irgendwie kindlich die Elternrolle verweigert. Ja, kindlich. Diese Schwäche, dieser ständige Selbst-zweifel – das war auch kindlich. Wenn du wirklich erwachsen bist, kannst du auch Autorität ausstrahlen.«

Erneute Pause. Dann, schon mit einem gelösten ironischen Unterton: »Die Unverschämtheit ist ja, daß man für die Kinder auch noch werden muß, was man nie werden wollte: Autorität. Sie sind eben unersättlich.«

7.
Kinder oder keine
Die Nachwuchs-Frage im narzißtischen Zeitalter

Ob ich nicht schon gegen sechs kommen könne? Um zehn sei sie schon todmüde. Nein, wirklich, sie stehe jetzt immer um sieben Uhr morgens auf, mit dem Kind eben. Ja, es gehe ihr gut dabei, ich brauchte gar nicht so eine komisch mitleidige Stimme zu bekommen. Nachtleben sei nicht mehr möglich.

Ich hätte mit Karla lieber nachts ein, zwei Wein getrunken, am liebsten in der Kneipe, in der wir uns vor einigen Jahren kennengelernt haben. Wie lange ist das her?

Lange. Ich besuchte sie um sechs. Sie war mit ihrem Freund in ein schönes, helles Reihenhaus am Stadtrand gezogen, mit viel Naturholz und Biogarten und dem intensiven Geruch von Orangen und frisch gemahlenem Kaffee in der Küche. Es kam mir vor, als sei ich in ein Studio geraten, wo gerade optimistische, warmherzige Werbung für ein Putzmittel, eine Pralinensorte oder einen Traditionscognac gedreht wird. Karlas Freund war nicht da, er mußte Überstunden machen. Natürlich durfte ich nicht rauchen. Und während ich erzählte, was ich in den letzten Jahren gemacht hatte, schwieg sie und sah hoch zu den Gardinenstangen. Dort waren irgendwelche Haken lose. Dann mußte der Kleine wieder an die Brust. Karla war glücklich und hatte Ringe unter den Augen.

Ich verstand plötzlich, daß wir in zwei Welten lebten. In zwei Welten, die so verschieden waren, daß selbst das Erzählen dessen, was man »so erlebt hat«, kaum möglich war. Während wir also Lindenblütentee tranken und immer belanglosere Dinge erzählten, um uns nicht gegenseitig zu brüskieren, fing ich an nachzurechnen.

Ein Kind kostet, im minimalen Grundbetrieb, dreimal Alete am Tag plus fünfmal Milumil, ca. 10 Mark, wenn dann die Milchschnitten und Colas und kleinen Steaks dazukommen, erhöht sich die Ernährungspauschale auf mindestens 15 Mark. Von der Windel zur Kleidung: rechnen wir vorsichtig 5 Mark am Tag, später, in der Lacoste-Nike-Esprit-Zeit wird sich dieser Betrag mühelos verfünffachen. Ein Raum kostet im Minimum 150 Mark, warm 200.

Spielzeug von der Klapper zum Computer: 3 Mark Tagespauschale. Wir sind, in der minimalen Version, bei 8 568 Mark in einem Jahr, macht 154 224 Mark in achtzehn Jahren, aber das ist natürlich eine Milchmädchenrechnung, denn den Ruin schaffen die ›Kindernebenkosten‹. Das Auto muß zum Kombi werden, die Wohnung braucht einen Garten, einen Sicherheitszaun und Sicherheitssteckdosen, dann die Geschenke, ganz zu schweigen von den durch die Hochsaison ins Groteske verteuerten Urlaubsreisen, den Sparbüchern, Versicherungen, Ausbildungskosten, Transportkosten von Kinderladen, -garten oder Tagesstätte nach Hause, zur Oma und wieder zurück, zu schweigen auch von den teuren Therapien, wenn etwas schiefgeht, oder dem Unterhalt bis zum zweiunddreißigsten Lebensjahr, wenn das Kind als siebenmillionster Starfotograf oder Starschreiber oder Star-Klamottendesigner scheitert und dem Sozialamt anheimfällt. Na gut, man kann einiges davon absetzen. Aber eine Viertelmillion ist das Minimum.

Und da mir der Lindenblütentee überhaupt nicht schmeckt, frage ich einfach weiter: Wofür lohnt es sich, eine Viertelmillion zu investieren? Für ein Traumhaus auf einer Insel vielleicht, für wunderbare Autos und Stereoanlagen und Weltreisen. Aber für ein Kind?

Natürlich: Für den Sinn. Die vielfältigen Identitätskrisen unserer Tage kennen fast nur ein Gegenmittel: Nur wo Kinder sind, ist endlich Sorge. Ist Leben. Garantiert. Das ordnet die Welt. Das macht, unterm Strich, vieles leichter.

An dieser Stelle schlägt natürlich sofort das feministische Gewissen und sagt: Typische Männersicht. Diesen Zynismus kann eben nur ein Mann entwickeln. Ganz so einfach ist es nicht. Nicht nur daß Gerd, Karlas Freund, sich die Seele aus dem Leib schuftet, um für die Vorort-Idylle genug Geld heranzuschaffen, daß er sich sogar wieder mit seinen Eltern gutstellt, weil er deren finanzielle Unterstützung braucht. Auch im Freundes- und Bekanntenkreis wird nun tagtäglich an die Ausbildungsfürsorge gedacht, Taxi gefahren und versucht, die wilden alten Zeiten des Szene-Lebens so schnell wie möglich zu vergessen. Die ›Kind-Investition‹ trifft längst nicht mehr nur die Frauen. Die sensiblen neuen Männer sind genauso betroffen, die wenigsten von ihnen schaffen es, ein Kind-Veto durchzusetzen, und nur eine Minderheit von ihnen haut ab, wenn es soweit ist, und läßt die Mutter im Stich. Oft sind sie viel hilfloser als die Mütter. Denn der Kinderwunsch ist ihnen ferner, sie haben nicht die gleiche unmittelbare Befriedigung durch ein Kind – aber sie sind rücksichtsvoller geworden.

Nein, nicht, daß sie es nicht gewollt hätten, das Kind. Die Höllen der Wollen-wir-ein-Kind-Diskussion in den Beziehungen sind ja auf seltsame Art und Weise verschwunden, hier ist, im wahren Sinn des Wortes, etwas ausdiskutiert worden. Gegen Ende der Achtziger sind Umweltzerstörung, Tschernobyl und Atomraketen kein Anlaß mehr für die erbitterten Debatten, ob man Kinder in die Welt setzen kann, soll, muß oder darf. Verdrängung? Im Gegenteil, die Kinderwünsche haben sich als zehnmal stärker erwiesen als die Ängste. Katastrophen und Gefahren sind eher Anlaß für ein »Trotzdem!« aus einer äußerst einfachen Logik heraus: Wenn man die Welt schon nicht selber ändern kann, soll man wenigstens Kinder in die Welt setzen. Geschlagen ziehen wir nach Haus, die Enkel fechten's besser aus. Obendrein vertraut man wieder auf Instinkte. »Ich will einfach ein Kind« – dagegen kann kein Mann ernsthaft etwas sagen, denn seine Argumente wären immer männlich, also unvollkommen. Dazu kommt ein rigoroser Pragmatismus der Frauen. Karla hat nicht diskutiert, sie hat sich *entschlossen*. Und die Debatte mit dem Partner? Als Karla schwanger war, war Gerd ein paar Tage ziemlich schweigsam, sie sagte ihm kurz, sie werde ihn nicht halten, wenn er gehen wolle; dann schlossen die beiden einen Bausparvertrag ab – und die Kinderdiskussion war beendet. Karla hatte es satt, nach all den Diskussionen mit früheren Lebensgefährten, immer hatten die Männer gezaudert und gezagt und mit immer neuen Wenns und Abers jede Lust auf ein Kind zerstört.

Dieser neue Rigorismus ist, ebenso wie die Rausschmiß-Fähigkeit, Anzeichen für ein stilles, aber mächtiges Comeback der Mütter. Bei den Grünen erleben wir längst die ersten öffentlichen Schlachten um das neue (alte?) Mutterbild, eine Schlacht, die jenseits der alten links-rechts-Fronten verläuft und Positionen der Konfessionsbindung und Abtreibungsdebatte längst verlassen hat.

Es geht um einen Kulturkrieg. Es geht, im Kern, um die Aufspaltung der Gesellschaft in zwei Kulturen. Es geht um die kulturelle (und damit auch politische) Macht in dieser Gesellschaft.

Denn nicht nur räumlich lösen sich die Paare mit Kindern meist schnell von den Stadtzentren und ziehen in die Peripherie. Sie sind dabei, eine gewaltige Schlacht zu verlieren: die um die Tonangabe in der Gesellschaft. Noch bis vor zwanzig Jahren dirigierte die Majorität der Familien mit Kindern Politik, Ökonomie und Kultur. Alle wichtigen Errungenschaften, sei es die Vierzig-Stunden-Woche, die Wochenend-Freizeit, der Sozialstaat oder das öffentliche Schulwesen, wurden von den Familien gefordert, durchgesetzt und bewahrt. Die Kleinfamilien bestimmten den Wohnungsbau und die Urlaubsangebote, die Bausparkassen-Verträge und das Erbrecht. Ihre Interessen dominierten die Warenwelt, die Kulturwelt und die soziale Feinregulierung der Gesellschaft, also das, was sich gehört (und was nicht). Ihre Interessen ermöglichten Wahlsiege, schufen Institutionen und entfachten Ideologien. Familien mit Kindern waren sozusagen der Stoff, aus dem Gesellschaft war.

Das ändert sich radikal. Hamburg am Anfang des Jahrzehnts, im Jahre 1982. Nur 27,7 Prozent der Haushalte bestehen noch aus drei und mehr Personen (1960: 51,3 Prozent) – und in dieser Zahl werden auch die Wohngemeinschaften mitgezählt. 32 Prozent der Haushalte bestehen aus nur zwei Personen (Alleinerziehende oder kinderlose Paare). Der Rest lebt allein.

Man mag einwenden, daß auf dem Land, in der Stadtperipherie und in der Provinz die Zahlen anders aussehen, außerdem seien früher auch Oma und Schwiegermutter mit zum Haushalt gezählt worden. Mag sein. Aber es ist nicht nur eine Frage der Quantität, und daß die Bundesrepublik das Land ist, in dem das Phänomen »Kinderlosigkeit« geradezu revolutiionär vorangeschritten ist, kann man kaum bezweifeln – man muß nur die Leitartikel über die »Rentenfrage« lesen. In den Städten hat sich, parallel zur abnehmenden Zahl der Familien mit Kindern, eine Schicht gebildet, die zwar auch noch in der Minorität ist, die aber immer mehr Macht, vor allem »Kulturmacht« an sich bindet. Sie ist durch den Begriff »Singles« nur unzureichend beschrieben.

Auch die neuentdeckte Schicht der »DINKS« (Double Income, No Kids«) bringt es nicht auf den Punkt. Die DINKS sind ein typisches Medien-Manhattan-Produkt, diese Paar-Spezies braucht die ganze Brutalität des amerikanischen Kapitalismus, ihr Karrierismus ist typisch z. B. für New-York.

Nein, es sind nicht die beinharten und beziehungsunfähigen Karrieremenschen, die den Trend zur Kinderlosigkeit forcieren. Man könnte die Kinderverweigerer-Schicht, um die es geht, provisorisch als »Nette Egozentriker« bezeichnen. Die »Netten Egozentriker« (NEGOS) sind aber keinesfalls pure Egoisten. Im Gegenteil: Ihre Entscheidung gegen Kinder speist sich aus durchaus sozialen Motiven. Wenn man Kinder hat, so wissen die NEGOS, wird man auf eine ziemlich perfide Weise sozial unzurechnungsfähig. Man ist für direkte Mensch-zu-Mensch-Kommunikation kaum noch erreichbar, denn alles, was man denkt und fühlt, dreht sich im Grunde um die Bälger. Die NEGOS verneinen die Nachkommenschaft, weil sie weiterhin sie selbst bleiben wollen. Und weil sie wissen, daß mit der Kinderaufzucht auch immer eine Form individueller Regression verbunden ist, eine Form der Abkapselung, der Verweigerung, das eigene Leben zu leben.

Die NEGOS sind konsumorientiert und leistungsorientiert, sie streben nach Lebensqualität, die 35-Stunden-Woche ist für sie kein Thema, sie sind politisch meist eher links und ökologisch, aber im persönlichen Leben spielt die Ökologie nur »theoretisch« eine Rolle – Abenteuer und Verschwendung, Lebenslust und Nachtarbeit sind ihnen wichtiger.

Die NEGOS sind sozusagen das Endprodukt der siebziger Jahre: Sie sind gebildet, haben Armut meist als Studenten erlebt, haben alle einen Generationskonflikt mit ihren Eltern ausgetragen, zumindest aber haben sie die hedonistische und moralische Tradition der siebziger Jahre mitbekommen. Andererseits haben sie aus den Achtzigern die Entdogmatisierung miterlebt, die Lust am Schönen, am Undogmatischen. Die »alternative Mittelschicht« ist mit dem verschmolzen, was als »Yuppies« herumgeistert, aber nie existiert hat – heraus kam eine dominante, städtische Schicht, die NEGOS eben.

Sie bilden in der kommenden Zwei-Kulturen-Gesellschaft das andere Extrem zu den Familien mit Kindern. Ihr Weltbild, ihre Ziele und Interessen sind genau konträr. Die Ökonomie der Familien in den Vorstädten ist zwangsläufig auf Erhalt, Kontinuität, Sparsamkeit ausgerichtet. Sie können nicht, wie die NEGOS, im Vierzehn-Stunden-Takt schaffen, wenn es gerade Spaß macht oder der Karriere dient. Für sie ist Ökologie die Verwaltung von Mangel und Sorge für ihre Kinder. Die großen Sprünge sind nicht möglich. Wer Kinder hat, verdient in seinem Angestelltenjob nach zehn Jahren vielleicht 4 500 Mark. Ein NEGO kann mit fünfundzwanzig vielleicht schon 6 000 verdienen, er kann aber genausogut mit 1 000

Mark im Monat über die Runden kommen – er ist niemandem verpflichtet, er ist mobil, er kann mehr als acht Stunden arbeiten, ohne jemanden zu beleidigen oder zu vernachlässigen.

So wird das Bild der Bundesrepublik in den neunziger Jahren vielleicht aussehen: Draußen in den Peripherien regiert ein Rest des rotgrünen Konsens: »solidaristisch«, institutionsabhängig, sparsam, ökologisch. Eine Welt von begrünten Solar-Wohneinheiten, Abenteuerspielplätzen und Billig-Discountern, von langfristigen Sparverträgen und Ratenkäufen. Eine Welt der freundlichen, toleranten, moralischen Ikea-Familien, und eine Alltagskultur, in der die Natur-, Harmonie- und Kuschel-Bedürfnisse der siebziger Jahre nahtlos mit den bewährten Formen der Spießbürgerei verschmelzen. Eine Welt aber auch, in der die Infragestellungen und Rollenkämpfe der Emanzipationsära erbittert weitergeführt werden, und eine gefährdete Welt, denn hierher werden auch die sozial Schwächeren ziehen, die in den Großstädten nicht mehr überleben können, die vielen Alten, die Armen, die Emigranten, all diejenigen, die durch die Luxusrenovierung der Stadtteile aussortiert werden.

Die NEGOS werden wissen, daß sie durch ihre ungehemmte Produktivität die Mangel-Suburbs mitfinanzieren, sie werden unglaublich hohe Steuern zahlen müssen, um das »Modell Vorstadt« finanzieren zu können. Denn das »Modell Vorstadt« ist in Wahrheit der verschleiernde Topos für den Versorgungs- und Umverteilungsstaat, für die Inflation der Kosten im Gesundheitswesen, das Sozialarbeitertum, das Stadtteil-Jugendzentrum – alles, was viel Geld verschlingt, aber nichts produziert. Die NEGOS werden trotz aller Toleranz und Liberalität versuchen, diese Last möglichst gering zu halten.

Welcher Staat, welche Institution kann diesen Krieg der Kulturen, diesen neuen Klassenkampf ohne Klassen pazifizieren? Auch die Geißlers und Süssmuths werden die NEGOS nicht »in den Griff« bekommen, im Gegenteil, sie sind von ihnen abhängig. Die NEGOS sind nicht, wie der unbedarfte Konservative ständig sagt, einfach »Egoisten«. Sie sind das Resultat von Intelligenz, Bildung und Wohlstand. Nur wer all dies abschafft, schafft auch die NEGOS ab.

Eine Befriedung ist nicht abzusehen. Nicht nur, weil man – wie Karla und ich – andere Sprachen spricht und und in anderen Kategorien denkt und fühlt.

Ich persönlich werde mir den fragwürdigen Luxus herausneh-
men, zu den (voraussichtlichen) Siegern des Kulturkampfes zu
gehören. Auch, weil ich den monumentalen Satz von Lars Gustafs-
son gelesen habe: Für die Kinderlosen gibt es nichts, was sie von der
Ewigkeit abhält.

8.
Von der Unmöglichkeit der Wende
Abgesang auf eine Chimäre

»Es ist das größte Projekt, das unser Institut jemals unternommen
hat. Ein Dreifachseminar, gekoppelt mit genau achtzehn Ringvor-
lesungen im nächsten Semester. Dreihundert Studenten. Und zum
erstenmal seit Jahren spürt man mal wieder so etwas wie echtes
Engagement.«

Der Mann, etwa vierzig, den ich an der Raststätte Fallingbostel
mitgenommen hatte, sprach das Wort aus, als handele es sich um
eine ausgestorbene Sumpfbiotoppflanze. »Ein Jahrzehntwerk«,
fuhr er dann fort. »Das erste Mal seit langem, daß wir da aus
unserem Turm herauskommen und wieder dahingehen, wo die
Sozialforschung eigentlich zu Hause sein sollte. In die Realität.«

Ich darf vorstellen: Neben mir saß, einige hundert Kilometer
lang, Hermann S., verheiratet, aber nicht mit seiner Ehefrau zusam-
menlebend (Heirat wg. Steuern), Besitzer eines Volvo-Kombi und
eines erdbraun-beige gestrichenen kleinen Patrizierhäuschens im
Bremer Ostertorviertel (320 000 DM Grundbuchwert), Professor
BAT 2a an der Universität Bremen, Fachbereich Sozialwissen-
schaften, Achtkommadrei brutto im Monat, vierzehnmal im Jahr.

Hermann S. befand sich auf einer Spesenreise. Er forschte. Er
machte Feldforschung, journalistische Arbeit für sein Riesensemi-
nar mit Colloquium »Die Wende – Alltagsveränderungen in der
Bundesrepublik«. Wie Barfußärzte waren auch seine Professoren-
Kollegen auf Forschungsreise, allein, ohne Studenten, um endlich
wieder einmal zu beweisen, daß die Gesellschaftswissenschaften
»basisnah« orientiert sind (und keine weiteren Stellenkürzungen
hinnehmen werden). Einer hatte sich mutig in ein Obdachlosenasyl
begeben, nur mit einer Decke unter dem Arm und 100 Mark in der
Tasche. Ein anderer war Mitglied des Rotary-Clubs geworden.
Wieder ein anderer recherchierte in Bonn als getarnter Journalist.
Hermann S. hatte sich die Wallraff-Rolle »Tramper« ausgesucht.
Die Fragestellung seiner Arbeitsgruppe lautete: »Jugend im Wen-
destaat – zur Soziogenese einer generativen Restauration.« Er war

seit zehn Jahren nicht mehr getrampt. Nun war er bereits eine Woche quer durch die Republik unterwegs, um sich der »sinnlich erfahrbaren underdog-Situation« auszusetzen. Er war verprügelt worden und bedroht, einmal sogar von einem Kumpel beklaut und schließlich von einem fetten Geschäftsmann um ein Haar aus dem fahrenden Auto geworfen worden. Er hatte tagelang im Regen gestanden und war von Zigeunern schließlich vor einer Lungenentzündung gerettet worden. Und immer wieder waren junge, progressive Menschen mit Anti-AKW-Aufkleber am Heck an ihm vorbeigerauscht. Er hatte Tagebuch geschrieben, wollte alles zu Hause auswerten, auf seinem summenden Personal-Computer. Aus den Erfahrungsberichten aller Professoren und Studenten sollte später ein Buch werden mit dem schlichten Titel »Wendeleben«.

Während ich ihm zuhörte, wie er mit sanfter Soziologenstimme von der Kälte, dem Mißtrauen und dem Haß in diesem Lande sprach, von der Ignoranz protziger Mercedesfahrer und den höhnischen Gesten junger Disco-Kids, die ihn mit ihrem schneeweißen Ford GTI im Gewitter stehen ließen, fiel mir plötzlich Friedhelm Daarbeck ein.

Mit Friedhelm Daarbeck bin ich Anfang der siebziger Jahre aufs Gymnasium gegangen, er war in derselben Klasse wie ich, und zeitweise waren wir befreundet. Man kann sich kaum vorstellen, wie verdutzt ich war, als ich – es muß etwa 1985 gewesen sein – einem Umschlag die vornehme Visitenkarte entnahm:

FRIEDHELM DAARBECK
REFERENT IM MINISTERIUM FÜR FAMILIE UND KULTUR
ÖFFENTLICHKEITSREFERAT

Kein Zweifel, es war tatsächlich der Friedhelm aus dem Gymnasium, er hatte auf die Rückseite der Karte einen Gruß geschrieben, und es war immer noch dieselbe Schrift wie damals, als wir uns Zettel in der Klasse zusteckten, auf denen schweinische Zeichnungen oder Hermann-Hesse-Gedichte oder revolutionäre Forderungen, LSD-Formeln oder mathematische Sätze standen. Dieser magere, verspielte, immer etwas zu große und zu schlaksige Typ mit der dicken Brille, der mit seiner alleinstehenden Alkoholiker-Mutter in einem Reihenhaus am Stadtrand gelebt hatte. Der schon 1970 dieses Chemielabor im Keller hatte, in dem er ein Jahr später, beim großen Schulstreik, LSD produzierte und auf Löschblatt-Streifen unter die Schüler verteilte. Er wäre beinahe geflogen damals, aber es war ihm nichts nachzuweisen, und wir hielten dicht. Obwohl wir eigentlich längst Grund hatten, es nicht zu tun.

Denn Friedhelm – ich weiß noch, er trug als einer der ersten eine Nickelbrille, hatte als einer der ersten ein Stück Haschisch und hörte als erster wieder damit auf (als wir damit anfingen) – paßte eigentlich nicht zu uns. Jedenfalls nicht lange. Er war ein Querkopf aus Passion und er war viel zu gut in der Schule, vor allem in Sozialkunde und Deutsch. Aber bei ihm wußte man nie, was er dachte, wo er eigentlich stand. Er provozierte uns. Was wir, eine Clique von jungen, idealistischen und linken Rebellen, nicht recht verstanden. Zum Provozieren gab es Eltern und Lehrer.

Friedhelm schien überhaupt keine Überzeugung zu haben. Er konnte wie ein Pferd lachen, wenn er unsere Gesichter sah, die ihn hilflos anstarrten, weil er plötzlich in einem schwarzen Anzug mit Schlips und weißem Hemd auf unsere Schulstreikversammlung kam, die Haare ölig angepappt und kurz, während wir alle riesenlange Matten trugen, wenn er dann tatsächlich das Mikrophon ergriff und eine kleine Rede hielt, die, völlig abstrus, vom Vaterland und seinen Vorzügen handelte, und wenn wir ihn dann leider vom Mikrophon wegzerren mußten und er regelrecht um sich schlug und etwas von »Schweinerei!« und »Meinungsfreiheit!« und »Ich wußte doch, daß ihr keine Demokraten seid!« brüllte. Oder wenn er mitten in unseren Kiffrunden während der Freistunden (er kiffte inzwischen nicht mehr mit) für Ordnung, Sauberkeit und Leistung stritt. Nicht, daß er all das tatsächlich glaubte. Er versuchte es nur.

Wir verstanden nichts. Wir beschimpften ihn bald als Reaktionär. Obwohl er sich immer noch mit Surrealismus und Beckett und psychedelischen Drogen (theoretisch) beschäftigte, obwohl auch er über Sex und Mädchen redete. Irgendwann, die Sitzung war dramatisch, schlossen wir ihn aus unserer linken Schülergruppe, der »Polit-AG«, einfach aus.

Die Zukunft schien uns recht zu geben. Er studierte Wirtschaftswissenschaften und Politik, er lief nun immer im seriösen Anzug über den Campus und in die Vorlesungen, während wir weiterhin wacker Streiks gegen dieses und jenes organisierten. Wenn wir miteinander sprachen, hielt er nicht damit hinter dem Berg, daß wir in seinen Augen kleine Kinder waren, die Aufstand spielten, während in Wirklichkeit längst andere Dinge gefragt waren – Seriosität, Leistung, Anpassung. Er formulierte das immer noch in unserer freakigen Sprache, er hätte genausogut über Revolution reden können. Er war im RCDS, aber er engagierte sich nicht.

Man kann sich vorstellen, daß ich etwas aufgeregt war, als ich mich vom Pförtner des Ministeriums in Bonn bei dem Referenten Daarbeck anmelden ließ. Es ging ohne Probleme. Daarbeck wußte offenbar sofort, wer ich war, er ließ mich gerade zwei Minuten warten, und ich hatte das Gefühl, daß die beiden mürrischen, in seltsame Uniformen gekleideten Herren, die aus seinem Zimmer herauskamen, wegen mir hatten früher gehen müssen.

Der Eindruck, den er auf mich machte, war widersprüchlich bis zum Extrem.

Da waren natürlich äußere Veränderungen: Die Nickelbrille, die er auch noch als Student getragen hatte, war einer eleganten, randlosen Brille gewichen. Die Anzüge, die stets spannten und abgewetzt waren, hatte er gegen eine elegante italienische Kombination eingetauscht. Sein Gang war straff und federnd; offenbar trieb er Sport, was überhaupt nicht zu ihm paßte. Sein Gesicht hatte Konturen bekommen. Das erstaunlichste aber waren die Haare. Während er sie früher immer nur kurz geschnitten trug und strähnig-ölig an den Kopf gepappt hatte, waren sie jetzt lang, leicht gelockt und von grauen Strähnen durchzogen.

»Friedie« war modern geworden.

Da war aber auch, auf der anderen Seite, ein Ausdruck von geradezu furchtbarer Müdigkeit, eine Art Traurigkeit. Resignation? Er wirkte wie jemand, der noch funktioniert, aber längst nicht mehr daran glaubt.

Der Eindruck wurde durch den Zustand seines Zimmers noch verstärkt. So, dachte ich, sieht ein Referentenzimmer beim besten Willen nicht aus. An den Wänden hingen, schräg übereinander und bis auf den Boden reichend, Bögen und Zettel mit zittrigen Kurven, Diagrammen, Tabellen. Auf dem riesigen Schreibtisch türmten sich Bücher und Computerausdruckfahnen, ich sah überall die Signets von Meinungsforschungsinstituten.

Er bot mir einen Ledersessel an, aber ich mußte ihn erst freiräumen. Dann ließ er uns einen Kaffee kochen.

Wir erzählten natürlich, wie sich das gehört, wie es uns ergangen war, lobten uns gegenseitig, tauschten einige Anekdoten von damals aus, wobei wir uns noch einmal wechselseitig unseren Respekt bezeugten.

Und dann begann Friedhelm Daarbeck von seiner politischen Arbeit für die Regierung Kohl zu erzählen. Wie immer ohne Rücksicht auf Verluste. Ein bißchen wirr, aber sehr direkt.

»Wir sind an der Macht«, begann er kurz, »aber wir sind auch in der Krise, egal, was die Prozente sagen.« Und während er sich nervös eine Mentholzigarette anzündete (er hatte damals nie geraucht, im Gegenteil, er hatte uns fürs Rauchen verachtet), fuhr er fort: »Natürlich nicht – wie du jetzt vielleicht denkst, falls du noch so links bist wie damals – weil die Konservativen sich mit der politischen Wende bloß an die Macht geschlichten hätten und der Wähler es ihnen derzeit heimzahlte. Nichts dergleichen. Die Wende war, vom Standpunkt der öffentlichen Meinung, der Massenmeinung, eine saubere Sache. Ich habe seit Jahren darüber geforscht und forschen lassen: es war kein Parlamentsputsch, was damals, in den dramatischen Tagen von 1983, geschah, als Schmidt abtreten mußte. Die Leute auf der Straße wollten es. Sie wollten es vor allem, weil sie leid waren, was deine – Verzeihung – unsere Generation mit ihrem Alltag veranstaltet hatte. Die Achtundsechziger, oder angesichts unseres Alters sollten wir sagen: die Nachachtundsechziger. Denn statistisch kann man die Achtundsechziger vernachlässigen, in die Breite haben wir diese Revolte-Ideen erst Anfang der Siebziger gepuscht. Und dann ging es los: Infragestellungen, Zweifel. Streit in den Familien, Zerwürfnisse zwischen den Generationen, Ehekrisen, Ehekriege, tausend kleine Aufstände, Nervtötereien. Besonders das Kleinbürgertum war zutiefst beleidigt von dieser Entwicklung – ich kann dir die Zahlen zeigen. Es war, wenn man so will, objektiv zur Konterrevolution bereit. Es hatte eine hohe Gewaltbereitschaft, um seine tradierten Werte, die Wirtschaftswunderwerte, militant zu verteidigen. Besonders, als es Ende der Siebziger noch einmal richtig losging. Als mit der Liquidierung – Verzeihung – mit der Stadtguerilla nicht auch die »Sozialen Bewegungen« verschwanden, sondern im Gegenteil, in Anti-Atom- und Friedensbewegungen mündeten. Die Stimmung war also günstig – und 1983 waren tatsächlich 60 Prozent der bundesdeutschen Bevölkerung nicht nur für die politische, sondern auch für die geistig-moralische Wende. Sie wollten endlich wieder uneingeschränkt gutfinden können, was ihnen mies und madig gemacht worden war – Familie, Bausparkasse, Vereinslokal, Rentensicherheit, Schrebergarten, Treue, Sparsamkeit und Geiz, Christlichkeit und die Eichenschrankwand – der ganze Zivilisationsrotz.«

Er hatte das letzte Wort wütend herausgekläfft und machte nun eine kurze Pause, in der er seine halbgerauchte Mentholzigarette in einem überquellenden Aschenbecher regelrecht vernichtete. »Zwischenkommentar:«, fuhr er dann fort. »Wir werden, soviel ist sicher, bis ins Jahr Zweitausend regieren, wenn wir keine wirklich gravierenden Fehler machen. Von der Sozialdemokratie droht keine Gefahr. Die Grünen werden sich bald selbst zu Tode nerven, so daß sie für den Kampf gegen den politischen Gegner überhaupt keine Energien mehr haben. Wir werden die Macht behalten – nur wie, das ist die gottverdammte Frage. Als Verwalter? Als Pappkameraden? Oder als wirkliche neukonservative Former, wie ich das mal nennen möchte.«

Ich wollte widersprechen, aber er wischte mit einer ungeduldigen Bewegung meine Einwände aus der Luft, bevor ich sie aussprechen konnte. »Und das hier« – er deutete auf die Papierwüste um uns herum – »ist das Ende der Suche nach der Wende.«

Ich begriff überhaupt nichts mehr. Aber er ließ mich nicht lange warten.

»Mitte des Jahres 1985 hat die Partei bei meiner Abteilung eine Studie in Auftrag gegeben. Alles groß dimensioniert, beste Leute, wir haben in einigen Unis sogar die linken Professoren angestellt, via Konrad-Adenauer-Stiftung, etwa die halbe Bremer Uni, da hatten die nicht die geringsten Probleme, weil die einfach vor die Wahl gestellt wurden: Forschung für uns oder Stellenkürzung. Das Thema war einfach, aber brisant. Es ging um Möglichkeiten der Wende. Genauer gesagt: um die kulturellen, sozialen, politischen Felder, in denen etwas, das den Namen »Wende« tatsächlich verdienen könnte, stattfinden kann. Denn das Murren in der Partei ist ja schon zwei Jahre nach der Machtübernahme unüberhörbar geworden. Der Dregger-Flügel tobte, ganz zu schweigen von Strauß, aber auch die Hausfrauenverbände, die Bauern, die regionalen Parteigliederungen, schlicht die ganze Basis begriff, daß die Worte Helmut Kohls Schall und Rauch gewesen waren. Vom neuen Geist in der Republik, von moralischer Erneuerung nicht die Spur! Die einzigen, die das ernst nahmen, die sich in Angst und Schrecken –

oder ins Bockshorn – jagen ließen, wart ihr Linken. Die Linken waren längst die einzigen, die das Wort »Wende« überhaupt ernst nahmen und im Munde führten. Ich habe das damals nachgelesen. Berge von Broschüren, Kommentaren, düsteren Beschwörungen – alles Unsinn und hahnebüchene Überschätzung. In Wirklichkeit waren wir von Anfang an in der Defensive. Das wußte man, vor allem in der CDU. Nur grantiges Grummeln. Du kannst dir das nicht vorstellen: Jahrelang diese Kärrnerarbeit, die Demütigungen, der Spott der Linken, die überall die Mehrheiten hatten, die Utopien vertraten, den Zeitgeist eben. Dieses Herumtanzen auf der Nase, die Schmähungen, die allein Helmut Kohl in den öffentlich-rechtlichen Anstalten, bei den Satirikern, den Literaten, den Intellektuellen erdulden mußte.

Ich kann dir gar nicht schildern, wie fertig Kohl manchmal war, weil er spürte, daß keiner ihn richtig ernst nahm! Es war ja auch eine politische Frage. Die Leute wollten etwas sehen. Rollende Köpfe. Oder wenigstens symbolische Akte, wenn schon nicht heroische. Irgend etwas Klares, Moralisches, ein Zeichen. Ja, es ist eine Zeitgeist-Frage: Kann man in Deutschland eine konservative Grundströmung durchsetzen? Ich meine nicht schnellschnell von heute auf morgen, ich meine in einer Frist von zehn Jahren, gut Ding will Weile haben. Neinnein, wir waren nicht größenwahnsinnig, wir wollten niemanden ausmerzen, unterdrücken. Aber wir wollten wenigstens zu unserem Recht kommen. Eine Gesellschaft tatsächlich verändern, nicht nur die Mühe der Administration auf uns nehmen, den Minimalismus der Macht, die Drecksarbeit!«

Dann machte er eine ausholende Geste.

»Und hier«, sagte er, »siehst du das Ergebnis. Und es lautet: Es geht nicht.«

»Mach keine Witze«, wandte ich ein. »Die Frauen zurück an den Kochtopf. Sozialabbau. Rationalisierungen. Um nur drei Punkte zu nennen.«

Er starrte an die Wand und stöhnte. »Gute Stichworte. Nimm die Frauen. An den Herd? Da lache ich! Alle unsere Umfragen deuten darauf hin: Sie wollen nicht! Partout nicht.«

»Aber Eure Umstände werden sie schon zwingen«, sagte ich böse. »Außerdem habt ihr die Wunderwaffe Süssmuth.«

»Unwirksam. Stumpf. Werden sie nicht. Wir haben es hochrechnen lassen. Zum Beispiel Abtreibung«, er griff nach einer Compu-

terfahne. »Wenn wir den Paragraphen 218 verschärfen – und zwar
nur geringfügig – werden bei den nächsten Bundestagswahlen
1 240 500 Frauen nicht mehr die Union wählen – unmöglich.«

»Aber die FDP«, entgegnete ich.

»Haben wir auch ausgerechnet. Wenn wir den Paragraphen verschärfen, wird die Hälfte der Frauen wieder Rot wählen, ein Drittel
FDP und der Rest Grün. Die Süssmuth wird ihre Glaubwürdigkeit
verlieren und zurücktreten, so sicher wie das Amen in der Kirche.«

Allmählich kam ich mir verarscht vor. »Na und«, sagte ich, »was
sollen die paar Frauen? Ihr habt die Unternehmergewinne ins
Irrsinnige gesteigert, die Arbeitslosigkeit zur Gewohnheit gemacht
und nächstes Jahr bekommen die Besserverdienenden mehr Geld –
und ihr seid immer noch nicht zufrieden? Ihr bedient eure Klientel
doch erstklassig. Ihr habt die mächtigsten Institutionen. Die Fern-
sehanstalten. Die BILD-Zeitung.«

Seine Stimme wurde noch müder als vorher.

»Wenn es so wäre! Nimm die Unternehmensgewinne. Gut, sie
sind gestiegen. Aber sind sie genug gestiegen? Wenn es nach den
Ökonomen ginge – ich meine unsere richtigen Wende-Ökonomen –
dann ist dies nur ein Tropfen auf den heißen Stein. Glaubst du, ein
aufrechter Rechter kann es gutheißen, wenn immer noch zwei
Drittel der Bourgeoisie seines Landes ihr Kapital ins Ausland
transferieren, nur weil er, der jeweilige Bourgeois, dadurch Geld
verdient? Nein, es bedürfte größerer Schmerzen, damit man auch
nur ansatzweise von einer ökonomischen Wende sprechen könnte.
Nimm die vielgerühmten Subventionen. Du kennst das: Sie
schreien alle laut Zeter und Mordio, daß man sie abbauen, mit
Strunk und Stiel ausrotten müsse. Aber hör einmal zu, was die
örtliche CDU sagt, wenn in ihrem Kreis, in ihrer Stadt, in ihrem
Bundesland auch nur eine müde Mark gestrichen werden soll. Da
gibt es Sperrfeuer aus den eigenen Reihen, aber nicht nur mal
husten oder so, nein, da lebt der Bäcker und der Schuster und der
Pfarrer und der Notar und der Kneipier, alle leben von den Subventionen, und sie wählen alle CDU. Oder nimm die Steuern, die
Ausgaben, die Renten, die Lohnnebenkosten, die Gesundheitsko-
sten, die uns den Staatshaushalt ruinieren. Ja, natürlich, sie müssen
gekürzt werden, das war ja unser Wahlversprechen, »die Finanzen
in Ordnung bringen«. Aber wer lamentiert am lautstarksten? Wit-
wenrenten – geht nicht, unser Stammpotential. Gesundheitswesen?

80 Prozent der Ärzte wählen CDU. Bauern? Um Gottes Willen! Fazit: Als ökonomische Substanz der Wende bleibt: Alles so lassen wie bisher!

»Es ist eben schwer, eine Volkspartei zu steuern«, sagte ich erschöpft.

Er fuhr fort, als hätte er mich nicht gehört. »Kultur? Außer ein paar Orgelkonzerten der Jungen Union tote Hose. Die Herrschaft der Rockmusik ist total! Ekstase! Drogen! Und die Medien? Mein Gott! Linke Burgen! Da ist doch selbst der Archivar noch links-radikal, verbeamtet bis auf Lebenszeit. Hast du schon mal als CDUler bei Radio Bremen gearbeitet?«

»Blödsinne Frage«, antwortete ich.

»Und weißt du, was unser Computer errechnet hat? Um nicht unter die Machtgrenze zu rutschen, bleiben uns drei Bevölkerungs-gruppen, die wir, ich sage das mal etwas salopp, nach Herzenslust schröpfen dürfen. Nein, vier mit den Ausländern, denn die dürfen nicht wählen« – er las aus einem abgerissenen Ausdruck vor – »Erstens: Marginalisierte achtzehn- bis dreißigjährige arbeitslose Frauen. Zweitens: Vierzig- bis Fünfzigjährige aus den proletarisier-ten Schichten. Und dreißig- bis fünfzigjährige Manager aus den Dienstleistungszentren nördlich der Mainlinie, die in Kleinstädten wohnen, die wählen nämlich fast alle FDP. Du siehst es. Wenn wir den Freak von Kreuzberg schröpfen wollten – abgesehen davon, daß da nichts zu schröpfen ist – gäbe es automatisch Rabatz. Mehr Plünderungen, Barrikaden, Brände. Die Konsequenz: Die Wil-mersdorfer Witwen, unsere wahlentscheidende Schicht in Berlin, würden den Verdacht hegen, die CDU könne auf Dauer Ruhe und Ordnung ebensowenig garantieren wie die SPD. Da die SPD aber irgend etwas von Erhöhung der Witwenrente in die Medien quetscht, wählen Sie einfach mal SPD, um auszuprobieren, ob die verachteten Sozis diesmal Wort halten. Fazit: Wieder Machtver-lust. Die Manager? Nun, die FDP macht uns schon genug zu schaffen. Und die Proleten?« Er seufzte. »Herrschen ist pure Ohn-macht! Man denke nur an die Folgekosten im medizinischen Sek-tor. Im Sozialbereich! Massenhaft Penner, die über die Innenstädte hereinbrechen, Alkoholiker, Mieträumprozesse, Verbarrikadie-rungen in der Sozialwohnung, Amok laufende Familienväter, die vor aller Augen sich und die Kinder umbringen – zur Freude der Sozis. Und natürlich vor allem in den CDU-geführten Städten!«

»Und die Schickis?«

»Darauf habe ich gerade gewartet. Dieses Pack! Nun gut, ich gebe zu, die Partei hat Anfang der Achtziger auf so etwas gesetzt. Zeitgeist-Wechsel. Neue Werte, Konsum, Karriere, ordentlich anziehen, das kam wieder, die Nölle sagte uns das ja oft genug, es hat uns sehr viel Hoffnung gegeben damals. Und nun? Sieh sie dir an, diese smarten, sonnengebräunten Zombies in den Glaspassagen! Sieh sie dir an! Ideale? Konservative Ideen? Gott bewahre! Wählen tun sie entweder gar nicht oder wechselhaft, ein Drittel wählt grün, weil im Moment Ozelot nicht »in« ist und Jutta Dithfurth irgendwie als erotisch gilt – ja, schau mich nicht so an, die haben doch alle einen ganz perversen Mutterkomplex. Aufstieg? Na klar, aber doch nur, um sich danach mit Kaviar, Austern und irgendwelchen Miezen zu vergnügen. Egozentrisch bis auf die Haut! Aber Werte?«

»Es ist schon ein Kreuz mit den Grundwerten«, sagte ich dazwischen.

»Es geht doch«, Daarbeck fuchtelte mit einem riesigen Stapel Computerausdruckfahnen, »um die Grundwerte Freiheit, Familie, Ordnung, öffentliche Sicherheit, und, mit Verlaub, auch wieder ein bißchen Vaterland. Dazu braucht man, wenn man so will, Kernschichten, die diese Begriffe benutzen, entwickeln, moralisch verbreitern und vor allem LEBEN. Aber wer lebt sie?« – er hob wieder Fahnen auf – »Hier: 87 Prozent des deutschen Kleinbürgertums glauben, daß Lust am Leben wichtiger als Leistung ist, 72 Prozent glauben, daß die Ehe nichts Heiliges ist, 68 Prozent finden, daß ein Seitensprung in der Ehe nichts besonderes ist. 91 Prozent wollen lieber Atomraketen abschaffen als die Landesverteidigung stärken. 99,5 Prozent assoziieren den Begriff »Moral« mit »sauer«, »langweilig« und »grau«. Und dann die Schichtenanalyse: Da! Vernichtend! Wo du hinsiehst, Werte, die aus der Sponti-Wohngemeinschaft von Einundleipzig stammen könnten – ja, glotz nicht so, ich weiß, daß du damals in sowas gelebt hast. Postmaterielle Verseuchung, total. Und unsere Kernschicht? Immerhin haben wir ja noch so etwas wie die Spießbürger. Oh ja, es gibt sie noch, wenn wir den Computer etwas quälen. Aber was tun sie? Sie schwanken. Geht es ihnen an den Geldbeutel, wählen sie zuerst Union, sicher. Geht es ihnen länger als ein paar Jahre an den Geldbeutel, flirten sie sofort wieder mit den Sozis, da könnte mehr zu holen sein, von wegen »außergewöhnliche Belastungen« beim Lohnsteuerjahresausgleich. Wenn der Vogel im Fernsehen mal damit winkt, daß man seine alte Oma von der Steuer absetzen können sollte, dann sacken die Prozente gleich ins Bodenlose. Und wenn sie einen schlechten Tag erwischt haben und es riecht nach faulen Eiern, wählen sie sowieso nur noch FDP oder Grüne, das wird im Reihenhausmilieu mit Troddelcouch inzwischen ganz chic!«

»Ich weiß nicht, was du willst. Ihr habt diese Gesellschaft so fest in der Hand wie seit Jahrzehnten nicht mehr, Kohl ist eine Ewigkeitsinstitution – was willst du eigentlich?«

»Viel eher Pappfigur. Na klar, bisweilen wählen uns die Leute – aber es nützt uns nichts. Sie wählen uns, aber quasi zur Beruhigung des politischen Gewissens. Völlig emotionslos. So, wie man an eine Tankstelle fährt. Als Service-Leistung. Als Garantie dafür, daß etwas passiert, daß die Wirtschaft boomt und alles so weitergeht wie bisher – nur passieren darf nichts, dann gibt es gleich Zeter und Mordio. Also auch die Pfründe der Linken nicht anfassen.

Und am schlimmsten sind die langfristigen Umfragen. Diese Sponti-Werte, diese Grundlagen des Staates – kein moderner Staat kann ohne diese Zeitgeist-Patterns regieren – gehen immer schneller in Richtung auf PHU – was unser internes Kürzel für »Polygamie, Hedonismus, Selbstverwirklichung« ist. Und das ist ja gerade das Schlimme: Sie WÄHLEN uns, aber sie GLAUBEN uns nicht. Sie wählen uns so, wie man eine Flasche Wein kauft. Man trinkt sie, und sie schmeckt gut. Hier!« sein Ton hatte jetzt etwas Weinerliches bekommen, während er weiter in den Computerfahnen herumkruschtelte, »87 Prozent haben bei der Bundestagswahl 1983 CDU gewählt, weil sie weniger Steuern zahlen wollten. Nur ganze 12 Prozent, weil sie sich neue Werte erhofften! Weißt du, was in diesem Land los ist? Die Anarchie hat sich institutionalisiert. Nein, nicht Anarchie, sagen wir, die Selbstverwaltung! Diese ganze Sch. . .gesellschaft ist eine einzige Selbsterfahrungsgruppe! Die blöden Grünen wissen gar nicht, wovon sie reden, wenn sie von »Basisdemokratie« schwadronieren! Wir haben sie längst! Aber nicht eine, sondern Hunderte von »Basen«. Das, was ihr im Mediengewerbe längst kennt, die Zerlegung in immer mehr Special Interests, ist uns längst davongalloppiert. Mehrheiten? Daß ich nicht lache! Sie sind zufällige Konglomerate eines Minimalkonsens, der keinen Millimeter über die Brieftasche oder ein blödsinniges, stures Beharren hinausgeht. Neue Begriffe von Familie? Von Ordnung? Wo selbst der brave, normale Bürger sich an irgendwelchen Perversitäten beteiligt und sein sittliches, moralisches, geistiges Verhalten eher an dieser klandestinen Minderheit ausrichtet als an einem moralisch-sittlichen Konsens, der vermittelbar wäre? Und wo, verdammt, ist überhaupt die Grenze? Wenn einer menschliche Nähe mehr bevorzugt als einen Schlips – ist er dann progressiv oder konservativ? Woher sollen wir überhaupt die Kriterien nehmen für die geistig-moralische Wende? Humanität? Längst von den Linken besetzt. Familie? Nicht markant genug. Bewahrung? Da mischen die Grünen mit, aber heftig! Liberalität gehört den Gelben, Modernität, na gut, da geht es im Moment, aber ein richtiger, ein großer Wert ist es nicht, eher eine Sekundärtugend. National? Da kommen uns inzwischen auch schon die Linken in die Quere. Und bürgerlich? Nehmen wir die vornehmste Gruppe, die uns die Meinungsforscher aus diesem großen Sumpf herausfiltriert haben. Die Bürgerlich-Konservativen, du weißt schon, Klavier zu Hause, Eichenholz im Flur, Ölbilder an der Wand undsoweiter undsofort. Was sagt unsere neueste Umfrage, selbstverständlich geheim und selbstverständlich nicht für die Öffentlichkeit bestimmt? 8 Prozent der Männer dieser Gruppe ist praktizierend homosexuell, obwohl verheiratet – wahlmäßig Totalausfall wegen der Aidspolitik der CSU. 23 Prozent hätte eigentlich lieber eine antiautoritäre Erziehung genossen. 26 Prozent haben schon einmal Drogen genommen. 85 Prozent finden Steuerhinterziehung normal. Soll ich weitermachen?«

»Nein«, warf ich ein. »Aber was ist mit Geißler? Geißler ist euer Bester. Er hat schon früh gesagt, daß man nicht Häuser, sondern Begriffe besetzen muß. Er hat gute Arbeit geleistet.«

Er starrte mich mit irgendwie leeren Augen an, und mir war einen Moment, als ob diese Augen hinter den dicken Brillengläsern lachten. »Nicht gut genug«, sagte er dann. »Aber das ist nicht seine Schuld. Weißt du, wer diese Herren waren, die gerade gingen, als du kamst?«

Ich verneinte.

»Abgeordnete der zwei größten Burschenschaften Deutschlands. Armenia und Frankonia, schlagende Verbindungen, rechtskonservativ, traditionsbewußt seit über hundert Jahren, da wimmelt es noch von Freikorpsideen. Seit der Wende haben sie ihre Mitgliederzahl erhöht, weil ein paar Papis ihre Söhne wieder hineinschicken. Und weißt du, was sie wollten?«

Pause.

»Natürlich Geld. Für Wohngemeinschaften. Jawohl, für Wohngemeinschaften. ›Alternativ-Programm Armenia‹ nennen die das, und fördern sollten wir es, aber satt. Hier!« Er warf mir eine kleine Broschüre zu. Auf dem Titel »Alternativ-Programm Armenia 1988«, DIN A-5, offenbar selbst zusammengefaltet. Auf dem Titelbild prostet ein fröhlicher, saufender Bärtiger dem Betrachter zu. Eine Karikatur von Gerhard Seyfried.

Wir schwiegen ziemlich lange. Er stand wie ein würdiger Laokoon mitten in den Computerfahnen, und die Asche seiner Mentholzigarette bröselte auf eine Allensbach-Umfrage über die Grundwerte von 12- bis 15jährigen Kindern alleinerziehender Mütter.

»Ihr habt gewonnen«, sagte er matt.

Ich sah all das wieder vor mir, seine Mutter im rosa Plüschrock, den weißen Dackel (er hatte immer eine Strickjacke an), und Friedhelm, wie er im Keller LSD destillierte.

9.
Die Aristokraten der Liebe
Die neuen Beziehungen

»Meine Frau!
Mein Herz und Körper gehören Dir aus der Ferne!
Und nur von dort!«
Hochdeutsche Übersetzung eines Verses
des Minnesängers Walter von der Vogelweide

Wo, zum Teufel, gibt es in dieser Republik eigentlich noch ein
wirklich glückliches Paar? Manchmal, wenn Sigrid so daliegt auf
ihrem handgearbeitetem Zedernholzbett, zwei Meter mal zwei Meter, die Arme hinter dem Kopf verschränkt, halb dem laufenden
Fernseher zugeneigt, halb ein Buch lesend, denkt sie, daß das Wort
»Problem« in Wirklichkeit eine Seuche meint. Einen Virus, der sich
ohne Geschlechtsakt rasend vermehrt. Auch er kennt Risikogrup-
pen, besser: Risikoschichten.

Da sich Sigrid abstrakte Dinge immer nur konkret vorstellen
kann, muß sie beim Gedanken, wie der Problem-Virus bei seiner
gefräßigen Ausbreitung schmatzt, lachen. Wen befällt er zuerst?
Ganz einfach. Leute mit überdurchschnittlicher Intelligenz und
guter Bildung, mit Lebenshunger, Witz und Ehrlichkeit, Geist,
Esprit, Leute also, die mehr vom Leben erwarten als ihre Eltern, die
sich in ihrem Leben verwirklichen wollen. Was befällt der Virus?
Die Selbstverständlichkeiten sind so etwas wie seine Schleimhäute.
Man sollte eine Denkschule gründen, sagt sie, Pamphlete und
Doktorarbeiten schreiben mit dem Titel »Ein Gespenst geht um:
Der Problemismus« oder »Entstehung und Therapie des Mittel-
schichten-Problemismus«. Die neue Schule würde Heerscharen ar-
beitsloser Akademiker ganz unentfremdet beschäftigen. Sie
brauchten nur ihren Alltag sezieren.

Sezieren, das ist es. Wir sezieren alles. Vor allem uns selbst,
unsere Gefühle, Verhaltensweisen, Motive. Und ein Problem ge-
biert das nächste. So entsteht bald ein riesiger Problemdschungel,
ein Dickicht, in dem es kein Fortkommen gibt, nur ein Umherirren.
Etwa: Wenn ich »ihm« zu nahe bin, ist das nicht gut. Das schafft
Probleme. Distanz ist ebenso problematisch, sie könnte Verdrän-

gung, Weglaufen, Beziehungsunfähigkeit bedeuten. Wenn ich ihn nicht liebe, könnte es sein, daß ich mich nicht öffnen kann; wenn ich ihn aber liebe, ist das erstens unrealistisch und zweitens ein Sich-Aufgeben, was, drittens, totale Abhängigkeit schafft.

Wenn man erst einmal darauf gekommen ist, daß *alles* ein Problem sein könnte, meint Sigrid weiter, gibt es kein Halten mehr. Es ist wie bei einer Kernreaktion. Wie der unwiderrufliche Verlust der Unschuld. Als wäre mitten in der Welt ein gewaltiges Fragezeichen aufgetaucht. Ein Fragezeichen, das einen unerklärlichen Sog, eine Strahlwirkung erzeugt. Und von nun an lebt man nicht im Kapitalismus, nicht im Sozialismus, sondern im Problemismus.

Sigrid hat sich geradezu in Rage gedacht. Scheißspiel, denkt sie. Im Problemismus ist alles Selbstverständliche in die Flucht geschlagen. Im Problemismus geht es um Interpretation und Gegeninterpretation, und wer das verbale Spiel nicht beherrscht, geht unter. Etwa: Wer nicht sagen kann, wie er den anderen wahrnimmt, interpretiert, ist schon am Ende. Etwa: Wer nicht weiß, wohin er will, und in dessen Kopf einfach eine unformulierte Leere oder Flausen sind, sieht nicht gut aus. Etwa: Die Aufhäufung paradoxer Überansprüche: Bewege Dich! Vertraue nicht auf den momentanen Zustand! Emanzipiere Dich von allem! Aber ruh dich auch aus. Laß zu! Laß heraus! Weine, wenn dir danach zumute ist, aber es muß authentisch sein – was lernen wir daraus? Sei stark! Nein, sei schwach, denn das gehört zum Leben, ist also Stärke! Sei du selbst, verdammt! Sei starkschwachsouveränverletzlich! Ach! der verwirklichte Mensch, der konfliktfähige Mensch – er ist ein Roboter, wenn er je entstanden ist, und die Liebe, um derentwillen er sich aus den Hüllen der alten Dumpfheit schälen wollte – sie ist längst vorbei. Es ist die Emanzipation selbst, die den Problemismus nährt wie ein ewiges Licht. Also erfinden wir die Demanzipation. Oder?

Sie kichert leise, schwingt sich aus ihrem großen Bett und beginnt, die Blumen zu gießen. Die frauhohe Kentia-Palme. Die vielen Ficus pumila. Den riesigen Efeu, den ihr einmal ein Lover geschenkt hat. Ihr orange-rostrot gestreifter Kater kommt angeschnurrt und drückt seinen fetten Schädel an ihr Bein. »Schweinchen«, sagt sie zärtlich zu ihm. Draußen rauscht und rattert langsam ein Zug vorbei, sie kann durch die weißen Vorhänge die erleuchteten Fenster sehen.

Früher hat sie sich immer gewünscht, daß der Problem-Virus ausnahmslos alle befällt, besonders Politiker, Polizisten, Priester. Sie haßte diese Naivität im Alltäglichen. Diese Katastrophen im Verborgenen, die sich in den Ehen und Paar-Wüsten ereigneten. Dieses stille Leid der auf ewig Aneinandergeketteten. Sie drehte durch, wenn ihr jemand von »Heidruns Mann« oder »Gerds Frau« erzählte, und immer, wenn sie eine eheliche Wohnung betrat, hatte sie das Gefühl, auf der Stelle ersticken zu müssen. Als ihr gesamter Bekanntenkreis plötzlich übereilt zu den Standesämtern rannte, weigerte sie sich strikt, Trauzeuge zu spielen. Da fielen ihr dann böse Worte ein. Einsargung auf immer, Regression, Verrat.

Aber heute denkt sie oft: Man müßte bei Bedarf den Zustand der Unschuld wiederherstellen. Nur manchmal, ein paar Wochen lang. Einer blinden, bedingungslosen, gänzlich tumben Sehnsucht einfach nachgeben können. Denn ist es wirklich so, daß wir diesen ganzen alten Käse – Zusammenleben und voneinander abhängig sein und jeden Tag sich sehen und Schnuckiputzi zueinander sagen – nicht mehr wollen? Vielleicht *können* wir es einfach nicht mehr, das Zusammenleben und Glücklichsein. Deshalb erfinden wir ständig neue Probleme, um unsere Unfähigkeit zu verbergen.

Sigrid muß wieder an ihre Schwester Susanne denken. Susanne gehörte noch letztes Jahr zu jenem erstaunlichen Rest der Uninfizierten, die völlig problemlos mit einem Mann zusammenleben konnten. Susanne fand einen tiefen, selbstgenügsamen Genuß an der Einrichtung der Wohnung, an Urlaubsreisen und den halbjährlichen Gehaltserhöhungen ihres Mannes. Sie konnte sich an Backrezepten begeistern und an »Partys« (wie grauenhaft!), sie konnte mit Begeisterung neue Vorhänge nähen und hatte nur hin und wieder ein wenig Migräne. Es war, als ob das Universum des Problemismus für sie überhaupt nicht existierte. Wenn Sigrid manchmal ganz direkt fragte, wie sie diese traute Idylle überhaupt aushalten könne, erntete sie nur völlig unverständige, verletzte Blicke und den Kommentar, du mußt aber auch an allem irgendetwas Negatives finden. Warum an allem zweifeln? Es kann doch schön sein, den Haushalt zu machen.

Und nun? Kann Sigrid sich freuen, daß sie sich durchgesetzt hat? Seit einem halben Jahr ist auch Susanne infiziert. Sie hat sich von ihrem Mann, einem bärtigen, leicht vertrottelten, aber sympathischen Diplompädagogen, einem typischen linkssozialdemokratischen Lada-Fahrer, getrennt. Sie hat seidem diesen stummen, grüblerischen Blick, aber auch eine seltsam bedürftige, herzliche Freundlichkeit, an der man die Infizierten erkennt. Der Problemismus-Virus wirkt besonders grausam bei denjenigen, die er das erste Mal befällt, für sie bricht eine Hölle aus Leid und Elend los. Und, besonders bedenklich, Susanne wohnte in Mölln, einer verschlafenen Kleinstadt im Zonenrandgebiet. Der Virus grassiert also bereits in der tiefsten Provinz! Susanne ist inzwischen in der Selbsthilfegruppe »Trennung überwinden, selbständig leben« (oder so ähnlich, jedenfalls veranstaltet von der evangelischen Kirche). Und Sigrid kann sich kein bißchen darüber freuen, daß ihre jüngere Schwester »erwachsen« wird.

Kein Zweifel: Auch Sigrid gehört zu den modernen Ich-Mutanten der Städte. Aber bei ihr ist kein grenzenloser Narzißmus im Spiel, keine Egomanie und keine genialische Geste der Jugendlichkeit – sie ist Jahrgang 1949. Statt dessen eine tiefe Vernunft. Eine Konsequenz der Emanzipation. Sigrid ist »austherapiert«, sie hat sechs Jahre intensiver Therapie hinter sich, und seit sie sie abgeschlossen hat, merkt sie, daß sie im Grunde keine Lust mehr auf das hat, was Liebe im Kern ausmacht: Projektion. Wenn ein verliebter Mann ihr tief in die Augen blickt, muß sie lachen. Oder er kommt ihr wie ein Kind vor.

Nein, es ist nicht Unsicherheit, nicht Unfähigkeit, nicht Gefühlskälte, keine psychische Störung. Im Gegenteil. Es ist eine Klugheit. Und das macht es so schwer. Vom Problemismus befallen sind die Klugen, die Intelligenten, die Verletzlichen und Sensiblen. Sigrid beherrscht gerade das, was für eine »vernünftige« und »ausgereifte« und »konfliktfähige« Beziehung vonnöten wäre, virtuos. Das Problem ist die Unzulänglichkeit der Liebesoptionen. Aller Liebesoptionen.

Die erste Option, die Totalität, das richtige, vollständige Zusammenleben, kommt längst nicht mehr in Frage. Sigrid kennt das, und sie sieht, wie Freundinnen und Bekannte sich damit abquälen. Wie sie wacker die unweigerlich einbrechende Langeweile ertragen, die im Alltag entsteht: das Verstecken hinter den Zeitungen am Frühstückstisch, die miese Mittelmäßigkeit längst ausgeleierter Gespräche, die Gymnastik im Bett, zu der man sich zwingt, nachdem man es eine Zeitlang mit Reizwäsche versucht hat und mit heftigeren Sex-Varianten. Nein. Keine Selbstbetrug ist stark genug, um die

Tatsache auf Dauer zu widerlegen, daß ein Mensch, aus der Nähe geliebt und tagein, tagaus erlebt, über kurz oder lang nicht mehr scharfer Liebhaber ist, sondern zu einem nervigen, normalen Menschen wird. Sigrid aber ist Romantikerin. Dieses nette Aneinander-Gewöhnen, das ohne Zweifel auch ein Lebenssinn sein kann, haben ihr ihre Eltern vorgemacht. Sie muß diese Geschichte nicht wiederholen.

Die zweite Variante hat Sigrid über Jahre hinweg gelebt: das, was man eine »Beziehung« nennt, in all ihren Varianten von »fest« über »ziemlich fest« bis »Probe«. Davon ist, außer ein paar schönen Begegnungen, eine fade Erinnerung an italienische Restaurants geblieben, in denen sie sich regelmäßig überfraß und danach zuviel rauchte, nur, um danach routinemäßig mit dem viel zuviel redenden Herrn ins Bett zu steigen. Seltsam. Nirgendwo lauert das abgekartete Ritual stärker als in der »Beziehung«. Sie lebt geradezu davon. Und diese Telefonate! Nein, ich mag heute alleine sein – Das mußt du mir erklären – Ich muß dir gar nichts erklären. – Aber so können wir nicht weitermachen. – Warum nicht? – Doppelter Seufzer, und so fort. Beziehung – das ist das immerwährende Konstruieren von nicht vorhandenen Gemeinsamkeiten. Das Luftschiffkonstruieren, freihändig und ohne Boden. Was hat man sich mitzuteilen, nachdem die Verliebtheit vorüber ist? Man erzählt Belanglosigkeiten aus dem Berufsleben. Man bekommt ebensolche Belanglosigkeiten erzählt, Details aus einem Leben, das man nicht so nah herankommen lassen möchte – es ist ja gerade der Kern von »Beziehungen«, daß man zwei voneinander getrennte Leben lebt.

Die dritte Variante, denkt Sigrid, erledigt sich von selbst, nicht nur wg. Aids, und das ist gut so. Mit dreißig war das noch in Ordnung, auch noch mit fünfunddreißig, der schnelle, heftige Sprung ins Bett, das Hinterlassen eines Hauchs von Parfüm in fremden Zimmern oder ein langsam verblassender Geruch auf der Haut, wenn man übernächtigt im Büro sitzt. Wunderbar. Aber welche Idioten man da traf! Am besten beim Frühstück kein Wort reden und eine Woche lang danach den automatischen Anrufbeantworter eingeschaltet lassen, diese verläßliche Distanzwaffe. Apropos. War da nicht dieser Dieter, der sie heute abend anrufen wollte? Dieser Typ aus der Stadtbibliothek, dem man den regressiven Knaben auf zehn Meter Distanz ansah, obwohl er knappe dreißig sein mußte? Nur das nicht wieder! Keine Bemutterungen mehr! So schön sein Hintern auch sein mag! Sie wird sofort den Automaten einschalten, diese segensreiche Erfindung, und der Automat wird nett, aber freundlich behaupten, sie sei »leider« nicht zu Hause.

Während Sigrid ihren Anrufbeantworter programmiert, lassen wir sie eine Weile in ihren weiß gestrichenen hohen Stuckdecken-Räumen allein. Wir sitzen jetzt in einem Straßencafe einer bundes-deutschen Großstadt und lesen eine linksliberale Tageszeitung. Wie immer schlagen wir die letzte Seite mit »Neuem aus aller Welt« zuerst auf. Dort springt uns eine Meldung ins Auge:

Junger Mann tötet seine Frau. dpa/ap Frankfurt/M – Mit drei Schüssen aus einem Revolver hat ein 25jähriger Mann aus Eschers-heim seine zwei Jahre jüngere Frau mit einem geliehenen Karabi-nergewehr getötet. Dann versuchte er, sich selbst zu erschießen. Er schwebt in Lebensgefahr, seine Frau hatte kurz vor der Tat eine stadtbekannte Diskothek besucht, wo sie sich mit einem Mann, angeblich ihrem Liebhaber, treffen wollte.

Etwas irritiert zahlen wir, stehen auf und beginnen, wie in Trance durch die Innenstadt zu laufen. Es ist ein wunderbarer Tag im Mai, die Vögel zwitschern auf den Bäumen der Parkanlagen, und fast könnte man glauben, es gäbe auch in Deutschland so etwas wie Urbanität. Doch schon bald findet man sich in einer scheußlichen Bürogegend wieder; gelbe, schmutzige Kacheln, halbhohe Ge-bäude aus den fünfziger Jahren, Backsteinbauten. Und ganz unver-mittelt befinden wir uns am Nebeneingang des Rathauses. Hier werden wir Zeuge eines ganz und gar skurrilen Ereignisses. Eine Hochzeitsgesellschaft posiert für den Fotografen. Die Braut, noch sehr jung, rotbäckig, mädchenhaft – sie könnte einer, sagen wir, Angestelltenfamilie entstammen, die am Stadtrand ein Reihenhaus abstottert – ist eine der stillen, strickenden Studentinnen im Fach-bereich Biologie. Der Bräutigam ist sicher der Sohn eines Postbe-amten, aus ihm sollte etwas Besseres werden, aber dann kam die Akademikerarbeitslosigkeit, und jetzt macht er, weil es wenig an-deres gab, eine Metzgerlehre. Er wird eine Fleischboutique aufma-chen, da ist er sich sicher, und erst vorgestern hat er sich einen aufgemotzten Ford Capri gekauft. Hans hat Anne – so nennen wir die beiden jetzt einfach – in einer Disco kennengelernt, wo sonst. Er hat dreimal mit ihr geschlafen, innerhalb eines halben Jahres, und eigentlich wollten die beiden ja noch gar nicht heiraten, aber die Eltern, die Eltern drängten, und dann waren da auch die Steuern, und Anne sah keinen rechten Sinn mehr in ihrem Studium. Und die getrennten Wohnungen waren zu teuer.

Wie wir die beiden so bemüht und nett lächeln sehen für den Fotografen, links eingerahmt von dem verklemmten Onkel Thomas und Tante Elfriede, rechts die Eltern, beide Väter von den Spuren des Alkohols gerötet, die Mütter leicht übergewichtig, und Cousinen und noch eine Tante und die Nachbarin mit Blumensträußen darum herum, und alles so steif und peinlich, wie man es sich nur vorstellen kann, wenn wir diese Szene, die gerade im Blitzlicht eines gemieteten Fotografen und von Onkel Hermann verewigt wird, wenn wir diese Szene also gleichsam als kulturellen Extrakt betrachten, in dem die Form bereits über den Inhalt aussagt, dann scheint es uns plötzlich, als habe es die siebziger Jahre mit ihrem allgegenwärtigen Emanzipationsgeraune niemals gegeben. Mehr noch: Als lebten wir überhaupt nicht in diesem Jahrzehnt, den achtziger Jahren. Kurzum: Als hätte sich niemals etwas verändert.

Und während wir das noch denken, während wir kurz darüber nachdenken, wissen wir schon, daß uns der Augenschein täuscht. Und daß Anne und Hans bereits vom Problemismus-Virus verseucht sind, obwohl sie es nicht wissen.

Gesetzt den Fall, wir würden in einen großen Computer sämtliche »Lifestyle«-Daten über »junge Paare in der Bundesrepublik« hineingeben und uns daraus eine Art »Idealpaar« clonen – heraus kämen genau Anne und Hans. Signifikant anders als bei einer Anne-und-Hans-Heirat der sechziger Jahre ist zum Beispiel die Scheidungswahrscheinlichkeit unseres frischvermählten Paars: sie beträgt fast eins zu eins.

Sehen wir uns Hans genauer an: Er sympathisiert mit der Friedensbewegung, ist aber für Ruhe und Ordnung und für einen geordneten Staat und eine freie Marktwirtschaft. Er schwankt zwischen SPD und Grünen, würde aber auch FDP wählen, er ist da überhaupt nicht festgelegt, er mag nur Genscher nicht, weil der schon viel zu lange an seinem Amt klebt. Hans findet, daß Frauen gleichberechtigt sein sollten. Kinder möchte er zunächst keine, aber endlich eine gute Stereoanlage und ein gutes Auto, mit Katalysator. Hans ist modern eingestellt, er hat auch mit Anne schon über Aids geredet, als sie sich in der Disco kennenlernten, und danach haben sie ein Kondom benutzt, ganz problemlos. Hans ist Romantiker. Er möchte zwar gut Geld verdienen, aber mit Sinn und Engagement. Ihm stinkt an seinem Elternhaus die haushälterische Vernunft, die ewige Routine. Er heiratet Anne, weil er sie wirklich wahnsinnig liebt. Nicht weil, wie es seine Eltern getan haben, ein Kind unterwegs ist. Er will sich mit ihr streiten, wenn es nötig ist, er will alles offen ausdiskutieren, er will bis ins hohe Alter leidenschaftlich mit ihr schlafen, das hat er hoch und heilig geschworen, und radikale Treue und radikales Aussprechen, komme, was da wolle.

Anne ist ebenso romantisch und emanzipiert wie Hans. Sie ist selbstbewußt und hat eine universitäre Ausbildung, die sie ihrem Mann klassenmäßig überlegen macht, aber sie ist der Meinung, daß das überhaupt kein Kriterium für Liebe sein darf. Sie möchte jetzt noch keine Kinder, später vielleicht, sie möchte um keinen Preis nur Hausfrau sein und »Gefühle« sind ihr das wichtigste im Leben, auch »Treue«. Sie ist strikt gegen Atomkraft, war früher in einer christlichen Jugendgruppe.

Man muß die Geschichte nicht unbedingt bis zum Ende erzählen. Die Rollenkonflikte sind vorprogrammiert. Die beiden heiraten mit dem statistischen Durchschnittsalter von 22,5 und 24,5 Jahren, richten sich eine Wohnung ein, Hans wurschtelt sich nach oben und gründet nach drei Jahren seine Fleischboutique. Die beiden haben Schulden, weil sie sich eine Wohnung eingerichtet haben, und nun muß Anne ihr Studium, an dem sie wieder Gefallen gefunden hat, aufgeben, denn sie muß als billige Arbeitskraft in der Fleischboutique arbeiten. Sie findet das unromantisch, fügt sich aber. Nach einem Jahr ist sie nervös und gereizt. Es gibt Streit. Der Alltag erweist sich als liebestötend. Anne droht mit Scheidung.

Hier liegt der entscheidende Unterschied. Noch vor zwanzig Jahren wäre Anne in dieser Situation unweigerlich schwanger geworden. Die Eltern hätten interveniert. Sie hätten mit moralischem Druck die Szene bereinigt. Hans hätte allmählich einen Bierbauch bekommen, Anne wäre zwar manchmal depressiv geworden, aber bald in der Sorge um die Kinder aufgegangen. »Und sie liebten sich bis zum Lebensende.«

Und heute? Vielleicht würde Anne einen alten Freund aus der Studienzeit besuchen. Es würde herbe Telefonate geben, man würde Bücher lesen über Trennung und Versöhnung, Eifersucht und Ehekrise. Am Ende, nach der Scheidung, würde Anne zu ihrem Kommilitonen ziehen, und Hans würde sich, vielleicht, wieder in der Disco auf die Lauer legen, ob da nicht eine Schönheit käme, die er aus abgrundtiefer Liebe heiraten könnte. Vielleicht käme man wieder zueinander. Jedenfalls: es gäbe Optionen, Varianten.

Oder aber wir landen bei jener Meldung, in der Hans Wagner, Sohn eines Postbeamten, seine Frau Anne in der gemeinsamen Dachwohnung in Frankfurt-Eschersheim erschossen hat, weil er es nicht aushalten konnte, daß sie mit einem anderen Mann geschlafen hatte, mit dem sie auch noch einmal in der Woche in die Disco ging. Vor den Polizeibeamten bekundete er, daß die Tat nur aus Liebe geschehen sei, daß er seine Frau einfach abgrundtief, innig und für ewig geliebt habe und ihr bei nächster Gelegenheit folgen würde.

In den siebziger Jahren haben sich zwei Haupttrends vermischt und jetzt, in den Achtzigern, Allgemeingültigkeit angenommen. Der eine stammt aus dem mächtig angewachsenen Strom der Aufklärung der letzten beiden Jahrzehnte und steht unter den Stichworten: Verblassen des »Schicksals« als bestimmendes Moment des Lebens, Vermassung der psychologischen Sprache, Verfügbarkeit des eigenen Lebensentwurfs.

Der andere entwickelt sich simultan zu den aufklärerischen Mustern der Emanzipation und der Vernunft und heißt: neue Romantik. Ihre Argumente kamen nicht aus der Ecke der emanzipatorischen Ideale, sondern aus der emotionalen Zivilisationskritik. Vater und Mutter hatten sich in Wohlstand, Couchgarnituren und Routine eingerichtet, sie liebten sich nur noch wie zwei Haushaltsbewohner, aber nicht wie zwei Liebende. Die neuen Beziehungen, so hieß es nun, sollten leidenschaftlich sein, und zwar möglichst lebenslänglich.

Diese Haltung schien sich eine Weile gut mit den Emanzipationsidealen zu vertragen. Unter der Hand jedoch entstand der Problemismus exakt in der Mitte zwischen Emanzipationsideal und neuer Romantik. Während das Emanzipationsideal ständig seine drei Hauptstreitmächte – Artikulation, Reflexion und Selbstveränderung – in die Beziehungsschlacht schickt, ist die neue Romantik stets beleidigt, wenn die Vernunft eine Beziehung regulieren will. Die neue Romantik ist zutiefst unvernünftig. Sie will das Paradoxe möglich machen. Sie will den Haushalt, das Kuscheln und die Leidenschaft, die Geilheit und das neue Ledersofa, die Kindererziehung und den Fick am Strand, sie will mitten im Alltag alles. Aber wie in die Realität umsetzen?

Daß einer den anderen erst komplettiert, daß zwei eins werden können, dieser kindliche Traum ist durch eine neue, aber ebenso naive Illusion ersetzt worden: die der ewigen Leidenschafts-Beziehung.

Ich habe für Sigrid recherchiert: Wo in dieser Republik gibt es Paare, die man »glücklich« nennen könnte und bei denen man nicht das Gefühl hat, sie sind nicht in den verlängerten Flitterwochen oder in einer Phase, in der zufällig mal keine Krise herrscht? Und ich meine nicht die bewundernswerten Rentnerpaare, die durch dick und dünn und zwei Kriege gegangen sind, und nicht die Liebesaffairen an der langen Angel, die sich in der Achse Frankfurt/Berlin zehn Jahre halten mögen. Ich meine die Ehen oder Beziehungen, die auf eine seltsame, selbstbewußte Weise außergewöhnlich glücklich und stabil scheinen. Modelle eben.

Hermann und Maria bewohnen ein kleines, luxuriöses Reihenhaus am Stadtrand einer Stadt am Bodensee. Seit fünfzehn Jahren verheiratet. Zwei Kinder, Evi, dreizehn, und Sven, sechzehn. Hermann ist leitender Angestellter einer Computerfirma, Maria Hausfrau, sie hat einen größeren Betrag geerbt. Oberster Lebens-Bezugspunkt ist das Haus. Es ist bis in den kleinsten Winkel durchgestylt und ständig auf den aktuellsten Stil-Stand gebracht. Überall stehen (echte) Kunst-Objekte, italienische Design-Möbel (Einzelstücke). Am weißen Porzellan kein Stäubchen, von der Marke der Stereoanlage hat noch nie jemand gehört. Hermann und Maria haben jeweils ein Stockwerk für sich, ein gemeinsames Ehebett gibt es nicht. Man ist sozial offen, lädt immer wieder zu aufwendigen Essen nach französischen Kochbüchern und hat einen breiten, gebildeten, sportlichen Bekanntenkreis. Evi und Sven sind aufgeweckt, altklug und witzig. Hermann ist belesen, ein Intellektueller, der von den Klassikern der Moderne bis zu Kursbuch, Zeit und Transatlantik alles kennt. Maria ist eine fragile Schönheit, mit ihren vierzig Jahren erst recht. Irgendwie scheinen sowohl sie als auch die Kinder zum edlen Interieur des Hauses zu passen, als wären sie hineingestylt und paßten zur Farbe des Teppichbodens. Dennoch wirkt die Idylle nicht tot oder eng. Man spürt, wenn man das Haus betritt, daß die »Stimmung« echt ist, lustvoll und stabil.

Der Trick: Hermann ist schwul. Er verkehrte früher an den Wochenenden in der schwulen Subkultur, seit AIDS nicht mehr. Er hat von Beginn der Ehe an nacheinander drei feste Liebhaber gehabt, die Urlaube und Wochenenden meist bei der Familie verbrachten. Bei Evi und Sven sind sie bekannt und beliebt als »Onkel Ferdinand«, »Onkel John« und so weiter. Maria hat hin und wieder einen Liebhaber, aber erst einmal hat einer von ihnen eine Nacht im Haus verbracht. Sie macht sich nicht viel daraus, sagt sie, »schon der Kinder wegen, aber ich war eigentlich nie der Typ, der große Lust auf Männer und Sex hatte.« Die Kinder sind von Hermann.

Anne und Holger sind seit zwölf Jahren zusammen, seit fünf Jahren verheiratet, kinderlos. Anne, fünfunddreißig, Sekretärin mit einem knallroten Austin Mini, wohnt in einer Drei-Zimmer-Wohnung im Stadtteil A, Holger, Werbemann, wohnt im Stadtteil B, Luftlinie 6,5 Kilometer. Anne wohnt mitten im Szene-Stadtteil der Stadt, Holger am Stadtrand im Grünen (Kommentar von beiden: »Ergänzt sich gut.«). Anne liebt Katzen, Holger haßt Katzen, mag aber Hunde. Die beiden haben einmal ein halbes Jahr versucht, zusammenzuleben, möchten aber beide nicht über diese Zeit reden. Gemeinsamkeiten: Tennis, Tao-Philosophie, eine lange gemeinsame Vergangenheit und ein immer noch heftiges Sexualleben, auf das sie seltsam stolz sind. Beide sind haushaltsfaul, aber Holger ist Hobbygärtner. Beide reisen sehr gern, beide mögen ihren Beruf, lieben ihn aber nicht fanatisch. Auf die Antwort, was sie zusammenhält, kichern sie nur albern und küssen sich. Sie wirken manchmal wie Bruder und Schwester, merkwürdigerweise haben sie keinen großen Bekanntenkreis, aber ein paar gute alte Freunde. Beide gehen selten in Kneipen, sie sagen: »Wir sind eigentlich unglaublich häuslich.« Bei der Frage nach Liebhabern und anderen Beziehungen verweigern sie die Auskunft. »Das verraten wir uns noch nicht einmal untereinander.«

Das Geheimnis: keines. Es ist zu erwarten, daß Holger und Anne endgültig zusammenziehen, wenn sie fünfzig sind – sie reden heute schon oft davon. Sie werden bis dahin wahrscheinlich auch einige Versuche des Zusammenlebens machen, das Separat-Leben ist teuer und bringt Risiken und Mühsal mit sich. Aber Anne sagt: »Ich möchte mich gerne als Einzelperson vervollkommnen, bevor ich mich mit ihm zur Ruhe setze – ein Zusammenwohnen ist wie ein Zur-Ruhe-Setzen. Es wird dann vieles selbstverständlich.«

Jutta und Maximilian: Jutta ist einundvierzig, Maximilian fünfundvierzig. Seit acht Jahren verheiratet, wohnen sie zusammen in einem gemütlichen Backstein-Haus in einer norddeutschen Mittelstadt. Die siebzigjährige Mutter von Jutta wohnt im Obergeschoß, half bis vor kurzem im Haushalt, jetzt gibt es eine Haushälterin. Ehemaliges Pfarrhaus, rustikal renoviert, volle Ikea-Bestückung. Zwei Kinder, Svende (sechs) und Christine (achtzehn), beide unglaublich frech und intelligent. Jutta ist Lehrerin in einer Behindertenschule, Max Studienrat am örtlichen Gymnasium. Die beiden wollten schon 1967 einmal heiraten, gingen dann aber zum Studieren nach Berlin. 1970 wurde Christine »durch einen Zufall« gezeugt. Jutta war damals Altenpflegerin und wohnte inzwischen in Frankfurt, sie zog Christine zunächst alleine groß, Max studierte weiter in Berlin und fuhr alle vierzehn Tage nach Frankfurt. Beide gerieten in ihren Wohngemeinschaften in eine Krise. Sie zogen, wegen des Kindes, schließlich zusammen aufs Land, in den bayerischen Wald in eine Landkommune, aber da klappte nichts. »Wo hätten wir hinziehen sollen, außer hierher?«

»Das Geheimnis ist so offen, wie es nur sein kann, aber wir binden es niemandem auf die Nase«, sagt der vollbärtige Max und pafft seine Pfeife. »Wir haben schon ganz am Anfang und dann, als Christine kam und wir später wieder zusammenzogen, gewußt, daß wir immer so etwas bleiben werden wie Bruder und Schwester. Sexualität und Leidenschaft war nicht unsere Sache, schließlich kannten wir uns aus dem Kindergarten. Aber wir lieben uns in einem ganz anderen, seltenen Sinne. Warum eine gemeinsame Existenz, dieses Sich-gut-kennen, dieses Miteinander im Alltag zerstören? Auf der anderen Seite mit der Verzichtethik kommen wir auch nicht klar. Da wird man auch unglücklich, auf Dauer.« Max und Jutta haben seit über zehn Jahren nicht mehr miteinander geschlafen. Max ist mit einer Frau aus Berlin zusammen, die er auch schon seit zehn Jahren kennt und höchstens fünfmal im Jahr und im Urlaub sieht. Jutta ist im Moment ohne Liebhaber, »aber das kommt schon wieder«, sagt sie und lacht. Bedingung: Kein Geschlechtsverkehr im Haus und keine Zärtlichkeiten mit Liebhabern vor den Kindern.

Drei Paare, bei denen man weiß und spürt, daß sie gemeinsam alt werden, in Würde und ohne die grauenhaften Scheidungsprozesse, die sich über Jahre hinziehen. Drei Paare, die die Fähigkeit haben, die Trennung zwischen Eros, Leidenschaft, Passion auf der einen und Ehe, Haushalt und Vertrautheit auf der anderen Seite auszuhalten – und positiv auszuformen.

Das romantische Liebesideal mag so alt sein wie die Hochkulturen der Menschheit – seine Verkoppelung mit der Ehe (oder der »Beziehung«) ist es nicht. »Vollzug ist der Tod der wahren Liebe«, hieß es im Minnesang. Im aristokratischen Zeitalter siezte man sich in der Ehe und beging den Geschlechtsakt aus Reproduktionsgründen – auch das bürgerliche Zeitalter trennte sauber zwischen Leidenschaft und Reproduktionsalltag (»Gattenliebe«). Noch bis in die fünfziger und sechziger Jahre hinein wird eher aus rationalen oder Standesgründen geheiratet. Ist dies alles nur reaktionär? Oder etwa auch höchst realistisch? Sind die geschilderten neuzeitlichen Modelle verallgemeinerbar? Setzen wir uns mit einigen Einwänden auseinander.

Einwand: *Die Beispiele sind seltene Ausnahmen, die höchstens eine Minderheit praktizieren kann.*

Einspruch. Zunächst quantitativ: Experten schätzen die Zahl der in Hetero-Ehen lebenden Schwulen auf 50 Prozent aller Schwulen – das wären zwischen 700.000 und 1,2 Mio. Hermann-Maria-Verhältnisse. Beim Holger-Anne-Modell trifft das Minderheiten-Argument zu, andererseits gehören besonders diese beiden zu den »kulturdominierenden Schichten«, d. h. zu den städtischen Kulturkreisen, die eine starke Ausstrahlung haben und sich ständig verbreitern.

Zum Jutta-Max-Modell: Woher wissen wir eigentlich, daß sie eine kleine Minderheit sind? Sicher: Die Bewußtheit, in der sie ihr Modell formulieren, mag selten sein. Aber im Grunde praktizieren sie nur ohne Bigotterie, was längst Massenalltag ist – und immer schon war. In der Normalehe fängt irgendwann die Lügerei an, Seitensprünge sind an der Tagesordnung, man quält sich, verspricht, es nicht wieder vorkommen zu lassen, bis eines Tages dann die psychische Not größer ist als das erotische Vergnügen.

130

Jutta und Max führen eine »ganz normale Ehe«. Nur ohne Lüge, Betrug, Selbstbetrug und Resignation.

Einwand: *Das ist doch alles unglaublich rational argumentiert, wo bleiben die Gefühle bei diesen komischen Modellen?*

Einspruch: Max und Jutta, Holger und Anne, Maria und Hermann lieben sich wirklich, und zwar so sehr, daß sie diese Liebe um keinen Preis aufs Spiel setzen wollen und lieber das Ungewöhnliche, Schmerzende, Trennende akzeptieren. Alle sechs sind weder rationalistisch noch gefühlsduselig. Sie haben beschlossen, die leidenschaftliche Liebe nicht der Realität zu opfern, den Sex nicht dem Nähebedürfnis, oder die gemeinsam aufgebaute und gestaltete Existenz nicht der Abenteuerlust – je nachdem.

Einwand: *Das sind kaputte Verhältnisse, wenn man wirklich reif und erwachsen ist, will man mit einem Menschen, den man sehr liebt, alles teilen und nichts aussparen.*

Einspruch. Nur ein Verdränger kann so argumentieren. Wir alle wollen Leidenschaft und Sex und Treue und Vertrautheit gleichzeitig, wir sind konstitutionelle Vielfraße. Wer einen dieser Faktoren – Sex- oder Nähebedürfnis – einfach leugnet, ist entweder bald ein verklemmter Puffgänger oder ein Langweiler. Erwachsensein besteht aber gerade darin, Widersprüchlichkeiten zu begreifen, nicht, sie zu amputieren. Pure Verzichtslogik erfordert immer unangenehme, in Deutschland allerdings sehr beliebte Eigenschaften: Spießbürgerei, Verklemmtheit, Disziplin. Dabei sind die sechs wirklich von einer Disziplin erfüllt, die man »Liebesdisziplin« nennen könnte. Denn es geht auch um Verzicht. Den Verzicht auf die Totalität. Das schmerzt besonders die deutsche Seele. Aber die neuen Künste der Liebes-Distanz sind nun einmal schmerzhaft. Sie »üben« ständig die Trennung – aus Liebe. Sie bekennen sich zum Paradox der Liebe. Sie brauchen ungeheure persönliche Stärke. Sie zwingen einen zum persönlichen Wachstum – auch, um den anderen besser lieben zu können. Sind diese ›aristokratischen‹ Ehen das, was man eine Lösung nennen könnte?

Natürlich formulieren die »Modelle« Kompromisse, und Kompromisse sind der Leidenschaft, der Liebesanarchie, entgegengerichtet, sie »domestizieren« sie und laufen Gefahr, die Liebe »gefügig« und »regulierbar« zu machen. Was aber, wenn einmal nicht die Vernunft die Bühne beherrscht, sondern die Himmelsmacht? Die Magie?

Gehen wir, zum Abschied, ein letztes Mal zurück zu Sigrid und ihrer Katze in die weiße Altbauwohnung. Sie hat sie erst letztes Jahr bezogen, als sie zurückkam von einer langen Reise. Eine Reise, die sie unternahm, weil sie im Grunde immer allen Kompromissen mißtraut hat, auch den Kompromissen unserer Modell-Paare.

Sigrid also löste 1983 ihre alte Wohnung in Frankfurt auf und stellte ihre Möbel bei Freunden unter. Sie fuhr mit ihrem alten Opel Caravan zunächst durch Frankreich, wohnte bei vielen Freunden zwischen Ardèche und den Pyrenäen, aber nirgendwo gab es einen Ort, an dem sie hätte bleiben wollen oder können; immer hatte ein Paar oder eine Gruppe ein zähes, schwergängiges Lebensensemble errichtet, eine chronische Krise etabliert, in der Sigrid keinen Platz fand. So packte sie stets aufs neue ihre Reisetasche und zog weiter.

Im Winter 83/84 blieb sie in Barcelona hängen. In einer Bar lernte sie einen stillen, vom Leben sanft zerknitterten Mann Mitte vierzig kennen, einen Deutschen, der schon seit zehn Jahren in Barcelona lebte und arbeitete. Sie wußte sofort, daß dieser Mann nichts von ihr wollte, daß er ein einsamer Melancholiker war, der in einer selbstgewählten, akzeptierten Einsamkeit lebte und gerade deshalb konnte sie auf ihn zugehen. Hans war Brückenbau-Ingenieur, geschieden, und besaß ein Appartement in einem dieser weißen Neubauten, die in Spanien bereits beim Richtfest angeschmuddelt sind. Er war angestellt bei einer internationalen Firma und hatte sich in einem kleinen, funktionierenden Kosmos aus Stammbars, Kinobesuchen und gelegentlichen erotischen Abenteuern mit linken Lehrerinnen aus Deutschland eingerichtet.

In diese unheile heile Welt drang Sigrid sanft ein. Sie war einfach plötzlich da. Es brauchte nicht viel Worte, dazu waren sich die beiden zu ähnlich. Sigrid wohnte bei ihm. Er verließ das karge Appartement im Morgengrauen und kam erst in der Nacht nach Hause, und dann lag er in seinem Zimmer auf einer Matratze und hörte mit einem sündhaft teuren Walkman Musik. Zumindest dachte Sigrid das. Bis er ihr eines Tages die »klassische Musik« vorspielte. Es waren Rennwagen-Geräusche. Das Röhren der Motoren, das Kreischen der Kurven war das einzige, bei dem er sich entspannen konnte, und er hatte mit diesem absurden Ritual den Alkohol ersetzt. Am Wochenende gingen die beiden ins Kino oder machten wortkarge Ausflüge in die Umgebung Barcelonas.

So entstand innerhalb kürzester Zeit das, was man vielleicht ein ideales Verhältnis nennen könnte. Niemand versuchte, den anderen zu ergründen. Es gab keine Psycho-Gespräche, sondern so etwas wie eine heldenhafte Disziplin des Schweigens. Sigrid kaufte eine antike Kaffeemaschine aus glänzendem Kupfer, worüber Hans sich sehr freute, sie stellte eine Putzfrau an und besorgte wunderschönes Geschirr, aber sie überschritt nie die Grenze zum Hausfrauen-Dasein. Eine Symbiose der Distanz: Auch im Sex respektierten sie diese imaginäre Grenze, jenseits derer man ineinander hineinfällt. Die ersten drei Monate schliefen sie überhaupt nicht miteinander, danach selten, aber wenn, dann sehr hart und lustvoll, als ob ihre Körper aufeinanderprallten, sofort danach zog sich jeder in sein Zimmer zurück. Niemals schliefen sie miteinander ein.

Hans war Sigrids erste wirklich glückliche Beziehung seit vielen Jahren, eben darum, weil sie nicht »glücklich« war, sondern auf eine besondere Weise romantisch.

Natürlich lief irgendwann etwas schief zwischen Sigrid und Hans. Es meldeten sich die alten, mächtigen Konstanten, weil es so gut lief, wünschte Hans sich Verbesserung. Er bat Sigrid, doch die Innenarchitektur eines Neubaus, den er betreute, zu entwerfen, eine durch und durch kreative Arbeit, die mit Hausfrauendasein nichts zu tun hatte – er wußte ja, wie empfindlich sie in diesem Punkt war. Er brachte ihr Unterlagen aus dem Büro mit, weil sie sich zu langweilen schien – warum sollte sie nicht zu Hause etwas tippen, schließlich lebte sie von seinem Geld? Er war unachtsam und brummte schon einmal, wenn sich kein Cerveza im Kühlschrank befand. Umgekehrt gab es bereits nach einem halben Jahr eine Unruhe in Sigrids Seele, sie fühlte sich leer und ausgebrannt. Im Frühjahr 1985 packte Sigrid wieder ihre Koffer, stellte einen riesigen Blumenstrauß auf den Tisch, legte den Schlüssel für das Appartement und einige schmachtende Sätze dazu und stieg wieder in ihren rostigen Caravan. Sie war kaum auf der Autobahn, als sie merkte, daß sie Hans abgrundtief liebte.

Was soll diese Geschichte sagen? Daß am Ende die Unruhe, die Leidenschaft, die Unvernunft größer sein könnte als alle Einsicht in die Notwendigkeit der Trennung zwischen Passion und Leben. Daß die ›vernünftige Generation‹, der neue Liebeskonsens, die moderne Emotionsvernunft hier zwar skizziert werden können, aber in Wirklichkeit eine Chimäre sind, ein Phantasma, eine Fata Morgana, der man wacker hinterherstiefeln mag, die man eine Zeitlang vielleicht sogar leben kann, aber eben nur eine Zeitlang? Eher werden alle Atomraketen abgebaut, alle Waffen vernichtet, alle Kriege beendet, als daß sich die Liebe befrieden ließe. Manchmal aber braucht man eine produktive, melancholische Fata Morgana.

10.
Der Neue Mann ohne Eigenschaften
Loblied auf die Identitätlosigkeit

Sein Gesicht ist mir nicht im Gedächtnis geblieben. Auch sein Name ist mir entfallen. Er war wohl mittelgroß und blond, ein Mittdreißiger mit schütterem Haupthaar, das an den Schläfen schon weiß war. Aber ich bin mir nicht mehr ganz sicher.

Es war hinter Hannover, es war einer dieser Intercitys, die einfach überall Vorfahrt haben und auf eine ganz wunderbare Weise *gleiten* können; man spürt in ihnen ganz deutlich, ganz sinnlich, daß die Gleise, auf denen sie laufen, die Räder und Achsen, *computervermessen* sind. In diesem computervermessen dahingleitenden Erste-Klasse-Großraumwagen, der Vorfahrt durch die ganze Republik hatte, war es ziemlich leer. Ich döste und dachte unweigerlich über ihn nach, den Mittdreißiger mit dem schütteren Haar, der schräg gegenüber saß. Er hatte seine alte, wunderschöne Lederjacke auch im Sitzen an.

Wir hätten uns natürlich niemals kennengelernt, denn irgendwie ist es aus der Mode gekommen, sich in Zügen anzusprechen; es ist peinlich, man gerät in den Geruch der sozialen Bedürftigkeit. Aber es dämmerte, und im Großraumwagen herrschte Schummerlicht. Und aus der Dämmerung schälte sich der wunderbar orangerot leuchtende Plasmabildschirm seines tragbaren Personal-Computers.

Das Gerät stand auf dem Ausklapptischchen, und er tippte in regelmäßigen Abständen etwas in die Tastatur, man hörte das Diskettenlaufwerk summen; er war konzentriert und würdigte die Dämmerung über den Ausläufern des Harzes keines Blickes. Ab und zu raufte er sich die spärlichen Haare. Dann rauchte er ein kubanisches Zigarillo, ein klares Zeichen dafür, daß er erstens Geschmack hatte und zweitens seine Mühe damit, sich dauerhaft das Rauchen abzugewöhnen.

Ich stand auf und ging aufs Klo. Auf dem Rückweg lehnte ich mich wie zufällig an seine Rückenlehne. Über den Plasmaschirm liefen unverständliche Zahlenkolonnen.

»Mit Festplatte?« fragte ich.

Er drehte sich nur flüchtig um und nickte etwas irritiert.

»Geht einem dieses Rot nicht auf den Wecker?« – ich blieb hartnäckig.

»Es gibt keine Alternative«, sagte er, noch etwas mürrisch. »Alle anderen Bildschirme von tragbaren Computern kann man nicht lesen.«

»Ich habe einen tragbaren mit Flüssigkeitskristall-Monitor, aber von hinten beleuchtet«, sagte ich so bescheiden wie möglich. »Zwei Laufwerke. Und die Batterie hält gut sechs Stunden.«

Er lächelte leise, und ich wußte, ich hatte gewonnen. Bei dem Computer-Porsche, den er dort auf den Knien hatte, einem Toshiba 3100, gab es immer Probleme mit der Batterie. Der Plasmabildschirm und die Festplatte verbrauchten zuviel Strom. Und das bei einem Gerät, das 15 000 Mark kostete.

Es gibt keine besseren Freunde als computerenthusiastische Nach-Achtundsechziger. Sie bilden eine Art Geheimloge, weil sie gleich zwei wesentliche Erfahrungen gemeinsam haben – den Trip in die Revolutionsromantik und das Renegatentum der High-Tech-Begeisterung. Eine äußerst seltene Kombination.

»Ich habe einen Spezial-Akku einbauen lassen«, sagte er. »Macht eine ganz obskure Firma in Hamburg, ich glaube, die Dinger benutzt der CIA für Spionageaufträge. Immerhin schafft das Ding es jetzt vier Stunden lang.«

Ich setzte mich ihm gegenüber, der Lokführer spielte Pilot und kündigte mit grauenhaftem norddeutschem Akzent Göttingen an. Wir fachsimpelten eine Weile, über Steuerabsetzung von Computern und warum man am Ende doch immer wieder auf IBM-Kompatible kommt, warum Apple nicht mehr dieses Image hat, das uns einst begeisterte. Als der Zug bei Bad Soden/Allendorf einige Kilometer an der Grenze zur DDR entlangsang, war es stockfinster. Durch die spiegelnden, getönten Scheiben sah man den Grenzzaun der DDR als lange, erleuchtete Schlange über die Hügel hüpfen.

»Was machst Du?« fragte ich ihn. »Beruflich?«

Er machte eine fahrige Handbewegung. »Nichts Bestimmtes«, antwortete er. »Geld verdienen.«

»Und der Computer?«

»Bilanzen«, sagte er etwas mürrisch. Ich fragte nicht weiter.

136

Wir schwiegen, während er wieder konzentriert auf seinen Rechner eintippte. Es war inzwischen ganz dunkel, und in unserem Großraumwagen glommen nur die Notbeleuchtung und der rote Plasmaschirm, so daß die getönten Scheiben nicht mehr spiegelten.

Woran erinnerte er mich? Er hatte etwas Robustes, wie diese Typen aus Berlin, die früher Straßenkämpfer waren und heute einen gepflegten Zynismus hegen – nichts ist ihnen fremd, kein Elend, kein Wahnsinn, keine fixe Idee, sie sind getto-härtegetestet und haben eine Herzlichkeit, die einen zu Tränen rührt. Er wirkte aber auch wie einer von denen, die mindestens ein Jahrzehnt lang zu viele Nächte durchgeredet haben und nun, mit einem ganzen Kosmos im Kopf, verstummt sind. Wie einer von denen, die nach innen und außen Grenzen überschritten haben. Zu viele Grenzen. Versehrte des großen Aufbruchs der siebziger Jahre. Oder dessen Helden?

Wir waren jetzt allein im Großraumwagen, die restlichen Passagiere waren in Fulda ausgestiegen. Der Zug raste das Kinzigtal herunter und näherte sich dem Rhein-Main-Gebiet. Ich begann vor mich hinzudösen. Und dann begann wieder dieser merkwürdige Effekt, wie ich ihn oft beim Zugfahren erlebe. Ich *sah*.

Ich weiß nicht, wie ich es beschreiben soll. Vielleicht ist es mein persönlicher Spleen, und niemand anders kann es nachvollziehen (ich werde in Würde damit leben). Während des Zugfahrens passiert es mir, daß ein vorbeihuschender Balkon mit einem Lebensbaum, der in einen großen Kupferkübel eingepflanzt ist, mit einem Wäscheständer am Geländer und Wolkenstores an einem Fenster, dazwischen rührend selbstgebastelte Mobiles aus Plastolin, daß dieses sekundenschnell dahinhuschende Bild *den Geschmack eines ganzen Lebens* auslöst. Ich sehe dann die Bewohner vor mir, in ihren Pantoffeln und Morgenröcken und Anzügen, wenn sie zur Arbeit gehen, wie sie reden und Spiegeleier braten und über Jahre hinweg ihre Rituale pflegen, wie sie krank und wieder gesund werden, verreisen und wiederkommen, wie sie ihre Tapeten erneuern und neue Möbelstücke kaufen und ihren Stil, ihre Leidenschaften und Wünsche verändern. Ich sehe ihre Familien-Fotoalben aufgeklappt, und wie sie Jahr für Jahr mehr von diesen schlechtfotografierten Bildern hineinkleben, die dicke Mutter und der dicke Vater und der dünne Sohn und die dicke Tochter unter dem Weihnachtsbaum und im Garten und im Urlaub an einem überfüllten

Strand. Mitleid überfällt mich dann, aber auch eine schwer zu benennende Sehnsucht. Manchmal, nein oft sogar, glaube ich sogar den *Geruch* der Zimmer wahrzunehmen, diese spezifische, unverwechselbare *Essenz* eines Hauses, eines Menschen.

Ich nenne es *Menschenträumen*. Und es geht sehr schnell. Meistens geht es so schnell, daß ich das Gefühl habe, in mehrere Existenzen simultan hineinzureichen und die unsichtbaren Fäden zwischen ihnen zu sehen. In die Existenz, sagen wir, eines Postbeamten in einem Fachwerkhaus, einer Witwe in dem grauen Neubau dort, und in den Villen-Haushalt mit der depressiven Mittvierzigerin dort am Hang, deren Mann dauernd auf Montage in Abu Dubai ist – all diese Existenzen haben merkwürdige, unsichtbare Tentakel zueinander entwickelt, ein fragiles, unsichtbares Gespinst, sie bedingen einander.

Als ob beim Zugfahren draußen lauter Lebens-Konzentrate vorbeiführen, lauter ungeheuer komplexe Menschen-Bits und Existenzen-Bytes, die zusammen ein riesiges, verschachteltes Gefüge ergeben, eine Art Mega-Maschine aus Wünschen, Hoffnungen, Träumen, Tapeten und Gerüchen: die »Gesellschaft«.

Und dann merkte ich plötzlich, daß der Blonde seinen Computer ausgeschaltet und zusammengeklappt hatte und mich mit einem leichten Lächeln um die Mundwinkel anstarrte.

»Nun«, fragte er leicht spöttisch, »wie ist es dort draußen?«

Ich murmelte irgend etwas. Und plötzlich war mir klar, daß er genau begriff, was mit mir los war. Er kannte es, das Menschenträumen. Vielleicht war es einfach eine Art aufmerksamer Melancholie – eine Melancholie, die nur diejenigen haben, die all die Pergolas und Garagen und Einfamilienhäuser und Ehen und Resopalküchen verlassen haben, mit dem festen Vorsatz, nie mehr wiederzukommen.

»Du hast mich vorhin gefragt, was ich mache«, begann er plötzlich, und in diesem Moment hatte er einen unangenehm stechenden Blick. »So ziemlich alles. Erst die Wohngemeinschaften. Dann die Zweierwohnung. Ein Bauernhaus irgendwo hier draußen, als ich die Stadt satt hatte. Eine modifizierte Wohngemeinschaft mit integrierter Zweierbeziehung. Ein Paar-Wohnmodell mit separaten Wohnungen in einer alten Mühle am Stadtrand, als Kompromiß zwischen dem beschissenen Land und der noch beschisseneren Stadt. Ich habe in Alternativprojekten gearbeitet, als sogenannter

»freier Mitarbeiter« und als fester Angestellter. Als ackernder Yuppie mit Zwölf-Stunden-Tag, auch am Wochende. Alles, was man sich erträumen kann an Lebensmodellen.«

Das letzte Wort hatte er ausgesprochen, als hielte er eine tote Maus in der ausgestreckten Hand. Er machte eine Pause und steckte sich ein kubanisches Zigarillo an. Der Zug ruckelte plötzlich unangenehm in einer Kurve.

»Und wie das so ist«, fuhr er fort, »als ich es endlich geschafft hatte, der Großstadt, diesem Monster, zu entkommen, wäre ich auf dem Land fast verrückt geworden, zwischen Komposthaufen, einem baufälligen Haus und nervenden Hühnern hätte ich fast den Verstand verloren. Noch schlimmer war der Stadtrand. Klar auch, daß ich als »fester Freier« allen Leuten ständig klagte, wie niederträchtig diejenigen waren, die mir nie genug Aufträge gaben. Und als Yuppie? Na klar – ich stöhnte über den nahenden Herzinfarkt. Von den Beziehungen ganz zu schweigen! Als ich mit drei Frauen simultan zusammen war, war es furchtbar, aber nicht so furchtbar wie beim Zusammenwohnen mit einer. Und logisch: Als wir wieder auseinanderzogen, entfremdeten wir uns, obwohl wir hofften, unsere Beziehung freier zu machen. Wenn du alleine bist, ist es zum Kotzen, und gehst du wieder auf die Balz, fängt alles wieder von vorne an.«

Er trommelte auf das zugeklappte Chassis seines Computers. Er hatte eine leise, wunderbar heisere Stimme.

»Und immer im Namen der Freiheit, der Wünsche, und – ach je – der Träume vom besseren, vom selbstbestimmten Leben« – sein Tonfall wurde jetzt giftig. «Wie süß war das Landleben, als man noch in der Stadt wohnte! Wie sehnte man sich nach einer endlich funktionierenden Zweierbeziehung. Und als sich das als Lug und Trug erwies, als man es endlich erreicht hatte, ging natürlich kein Weg mehr zurück – wer macht denn dieselben Fehler nochmal? Also kamen die Kompromisse, die Ausgleichsversuche, der Versuch, das Leben in ein Puzzle zu verwandeln, in dem man sich von allen Lebensformen die guten Teile nahm, und die schlechten auf Distanz hielt. Diese Verrenkungen! Der Bauernhof als Zweitwohnsitz, aber man kommt kaum noch hin, und die anderen Typen, mit denen du den Hof gekauft hast, fangen inzwischen mit dem Haschischdealen an und machen sich im Dorf unbeliebt bis zum Anschlag. Du heiratest, um die Bindung zu betonen, wohnst aber getrennt, was dazu führt, daß sie sich einen Liebhaber nimmt, der plötzlich ein Riesentheater anfängt und dir mit dem Anwalt droht, weil du ihr keine Unterhaltszahlungen leistest. Du machst eine kleine Leidenschaft zum Nebenjob, verdienst in einem dummen Beruf viel, viel Geld, um dich irgendwann selbständig zu machen – aber wenn du soweit bist, hat die Marktlage sich gedreht, oder du selbst hast plötzlich keine Lust mehr, dich mit dummen, faulen und unmotivierten Angestellten in einer selbstgebastelten Firma herumzustreiten. Also läßt du dich gleich anstellen, vierzehn Monatsgehälter.«

Er sah mich an, daß ich fast Angst bekam. »Das«, höhnte er, »sind die Allerschlimmsten! Die dann den Rückzug predigen, wie sie einst den Aufbruch predigten, die sich winden wie die Würmer, um ihre kommende, gähnende Langeweile zu legitimieren, ihren Konservenfrust! Wenn all das, was vorher kam, schon schlimm war – am Erbärmlichsten wird die Kapitulation. Das da!«

Er zeigte nach draußen. Der Zug rollte langsam an Altbaufassaden entlang, als müsse er sich leise durch die Nacht pirschen. Einen Moment lang fiel mein Blick in ein Jugenstil-Palmen-Ficus-pumila-weiße-Tapeten-Espressomaschine-Fenster mit wunderbaren Spitzengardinen und einer echten Jugendstillampe an der Wand. Ich sah eine Frau mit Hennahaaren, die auf und ab ging, eine Zigarette rauchte und mit ihrer dicken Katze redete, die mit steifem Schwanz ein Wollknäuel jagte. Der Fernseher lief. Die Frau, sie mochte Mitte dreißig sein, hatte einen weißen Bademantel an.

In diese Momentaufnahme fiel seine leise, heisere Stimme: »Und dann beginnst du mit der allerletzten, der endgültigen Naivität: mit dem Einrichten. Wie eine Spinne webst du dich in eine Wohnung ein, langsam, unaufhörlich. Du gießt die Blumen und machst dir etwas vor, guckst viel Fernsehen und zählst plötzlich dauernd dein Geld. Du legst Plätze für Dinge an, kaufst Kerzenständer bei einer dieser neuen Boutiquenketten und kochst alle zwei Tage Spaghetti. Leute kommen zu Besuch, ein sogenannter »Bekanntenkreis« bildet sich, aber man merkt schnell, daß im Grunde jeder wartet, bis dieser verdammte Rotwein endlich alles in ein mildes Licht taucht, bis der andere aufgehört hat zu reden, damit man endlich selbst seine bescheuerte Story loswerden kann, von seinen »Problemen« und »Frustrationen« und Kochrezepten. Und so starrt man vor sich hin, in einem Freundeskreis, den man in Wirklichkeit verachtet, weil man sowieso nur an sich selbst denkt. Man bastelt sich einen Mikrokosmos aus Zimmerpflanzen, sogenannten »Partnern« und Katzen, die auf die Teppiche pinkeln, weil man so selten zu Hause ist. Und man geht in italienische Kneipen und schafft sich komische, weiße Elektrogeräte an, die bald verstauben und nicht mehr funktionieren, und keiner repariert sie. Und du sagst dir: Verdammt, es muß doch möglich sein, mit einem Menschen zusammenzuleben, mit einem gottverdammten, geliebten Menschen. Und du putzt den Müll weg und du reißt die Tapeten von der Wand und klebst Rauhfaser drauf und malst das ganze weiß an und spachtelst im Bad die Kacheln und legst Leitungen und Teppichböden und Fußbodenheizungen undsoweiter undsoweiter. Und wenn du dann eines Tages fertig bist, und der letzte Fitzel Sisalteppich ist verlegt und die Halogenlampen in Mattschwarz brennen alle und die Stereoanlage geigt dir eine Supersymphonie von Mahler, dann stellt sich heraus, daß alles *tot* ist, *mausetot*. Daß die Frau, die du liebtest, in Wirklichkeit nur eine Figur aus Pappmaché war, eine hohle Nuß, eine Projektion, und daß alles zu Ende ist, sobald der letzte Nagel in die Decke gekloppt ist, dann kannst du gleich mit dem Ausziehen anfangen, denn dann ist es einfach aus, Punkt!« Seine Stimme war jetzt regelrecht haßerfüllt. »Wenn du die wahre Hölle sehen willst, dann mußt du an einem verkaufsoffenen Samstag zu Ikea gehen. geh herum! Kauf nichts! Sieh in die Gesichter! Der linken Gewohnheitsbeamten, der Lehrer! Der jungen, blassen Frauen mit Brille, die sich nichts sehnlicher wünschen als das Küchenbüffet »Snäckebröööh« oder das Fleischmesser »Billeböö«. Wenn du dort hingehst, zu diesen pickligen Studenten, den steifen Hennatanten, den linksliberalen Pfeiferauchern und naturholzgelackten Übermüttern, den naiven, dummen Lehrlingen, die mit ihrer Tussi mal am Strand von Marokko vögeln wollen und, weil sie dazu zu feige sind, einstweilen mit der Matratze »Gammelstaan« vorlieb nehmen, ach was, wenn du wissen willst, wie die neuen KZs aussehn, dann mußt du da hingehen, an einem verkaufsoffenen Samstag!«

»Na, na«, warf ich ein.

Jetzt lächelte er ganz erschöpft. »Ist ja auch alles Quatsch«, sagte er und zuckte die Schultern. Dann lachte er. Wir redeten noch ein bißchen über die Kunst, keine Eigenschaften auszubilden, sich den Lebenskonzepten zu entziehen, unsichtbar zu werden. Wir redeten über das Dilemma unserer Generation: Kein Weg zurück und nicht

nach vorn, eine Mitte gibt es nicht. Ergo: Nur Simulation ist
möglich. Wir können »Väter« simulieren oder »Angestellte« oder
»Landbewohner« oder »Auswanderer« oder »frustrierte Midlife-
Linke« oder »doch-noch-Lehrer« oder »disziplinierte Journali-
sten«, aber eben nur *simulieren.* Wir kamen überein, das einzusehen
und nicht mehr zu versuchen, das Authentische, das Wahre, die
Identität zu suchen, denn gerade in der Annahme, es könnte das
Authentische, das Wahre, das Identische geben, läge der große
Irrtum unserer Generation. Wir beschlossen auch, die beiden phi-
losophischen Schlüsselbegriffe der neunziger Jahre, »Polyvalenz«
und »Multiperspektivik«, vorerst für uns zu behalten; früh genug
würde aus ihnen eine Serie im Zeit-Feuilleton werden. Er erzählte
mir, wie er wohnte. Er behauptete allen Ernstes, in jeder Großstadt
der Bundesrepublik eine Ein-Zimmer-Wohnung in der Innenstadt
zu besitzen, mit sechsmal demselben Kühlschrank und sechsmal
demselben Klo und sechsmal derselben Duschkabine und sechsmal
demselben Fernseher. Ja, und dann überreichte er mir eine beein-
druckend geprägte Visitenkarte, auf der irgend etwas von »International« und »Transfer« stand, und als Adresse nur eine Postfach-
adresse in Düsseldorf, Hamburg, München, Stuttgart, Berlin und
Frankfurt. Ob ich nicht in Frankfurt mit in sein genormtes Appartement kommen wolle, es läge nicht weit vom Bahnhof, wir könnten noch einen Chablis trinken? Schneller als erwartet fuhren wir
hinein in die Skyline-Lichter Frankfurts, und als wir über die
Brücke bei dem alten Kohlekraftwerk glitten, ratterte der Zug zum
ersten Mal in den nun nicht mehr computervermessenen Gleisen.

142

11.
Endstation Bebra
Abenteuerexpedition ins Herz der deutschen Alltagskultur

Warum ich am Ende meiner Reise hier hängengeblieben bin? In dieser Kleinstadt, die kaum einer kennt, achtzehntausend Einwohner mit Randgemeinden, siebenundsechzig Vereine, vierhundertzwölf Deutsche Schäferhunde? Inmitten dieser nichtssagenden Umgehungsstraßenbaumarktzuckerrübenfelder-Wüste, die sie »Zonenrandgebiet« nennen, als wärs ein Science-Fiction? Obwohl ich doch nach Berchtesgaden wollte, um meine Diagonale durch die Bundesrepublik zu Ende zu ziehen?

Nun, ich war in Berchtesgaden. Ich fuhr über den Königssee und hörte das Echo, ich stand oben am Obersalzberg und beobachtete Paarc, die sich immer noch nach dem Führer sehnten, und Amerikaner, für die der Führer eine wunderbar böse Comicfigur war. Ich besuchte München mit seinem Kir Royal und den Bodensee mit seinem altehrwürdigen Internat Salem, in dem konservative und postmaterielle Werte längst nicht mehr zu unterscheiden waren. Ich besuchte die Landkommunen in Wackersdorf, und lange war ich in Berlin-Kreuzberg. Dort war alles so berechenbar schrill, die Punks mit ihren ewig gleichen Sprüchen, die Autonomen mit ihren Mollis, die alten Berliner mit ihren Mollen, alles das hatte sich längst in die Kulisse für einen Film »Deutschland, deine lebendigen Sozialstationen« verwandelt – es war berechenbar geworden.

Und je länger meine Reise dauerte, desto unruhiger wurde ich. Ich spürte, daß das Konglomerat, daß wir so anmaßend »unsere Gesellschaft« nennen, in Wirklichkeit einen kaum faßbaren, kybernetischen Kosmos darstellt, und immer mehr begann ich zu rätseln: was hält diese Gesellschaft, diesen amorphen, deutschen Käsekuchen in seinem Inneren zusammen? Was vermittelt zwischen dem Sinn-Kosmos eines Kreuzberger Punks und einer schwäbischen Hausfrau? Wie schaffen ein althumanistischer Hamburger Alkoholiker und ein Kleinstadt-Hippie es, im selben Kontinuum, im selben Land zu leben?

Was ich fand, war jedenfalls keine Klassengesellschaft im alten

Sinne, die den Namen verdiente, auch kein Schichtenmodell, jedenfalls gingen die Schichten bis zur Unkenntlichkeit ineinander über wie bei einem *tirami su*. Irgendwo, dachte ich dann, müsse es in Deutschland eine Alltagskultur geben, die man »spezifisch deutsch« nennen konnte. Also fuhr ich ins tiefste Schwaben. Und traf auf Chaos und Anarchie. Ich ging in Segelclubs in Hamburg und in den Rotary-Club von Bergisch-Gladbach. Ich fand schrille, drepressive Industriellenwitwen, die Hardcore-Therapien machten, und mürrische alte Herren, die in Saunas die unmöglichsten Dinge taten – aber keine tragende Kultur. Ich besuchte Prominente, tastete mich an sie heran, aber je berühmter sie waren, desto ausgeprägter, skurriler und bescheuerter war ihre Macke – keine Spur von Übersicht und Weitblick, nur vollkommen monströse Wahngebilde.

Und das Geld – wäre es nicht logisch, das Geld als deutschen common sense der achtziger Jahre zu benennen, als Minimalkonsens? Doch jedesmal, wenn ich seine Macht, seine Gesetze, Rituale und Regelungen zu fassen versuchte, stieß ich auf Utopien, Wünsche, Ideale, völlig immaterielle Abstrakta, die zu seiner Vermehrung und Zirkulation unerläßlich waren.

Deprimiert machte ich mich auf den Heimweg. Das Land erschien mir wie eine chaotische Sinnwüste, und wie betäubt lenkte ich meinen Diesel über die Autobahnen, an Massenauffahrunfällen vorbei, ständig auf der Hut vor den Herren auf der linken Spur, die ich als einzige real existierende Herrschende fand, die aber offenbar ihr Wirken auf die Autobahn beschränkten. Was trieb dieses Land an? Was war sein Öl, sein Benzin, sein Treibmittel, sein Zusammenhalt?

Ich besuchte im Vorbeifahren ein schwules Alternativ-Bauernpaar in einem Mittelgebirge, auf dem Vogelsberg. Die beiden erwiesen sich als so normal, daß es nicht auszuhalten war. Aber sie brachten mich auf eine Idee, die mich schlagartig hellwach werden ließ. Keine zwanzig Kilometer entfernt, so sagten sie, befinde sich der geographische Mittelpunkt der Republik. Ja, der Mittelpunkt!

Ich fand ihn tatsächlich. Es war ein Granitstein an der Biegung der Bundesstraße 275 Lauterbach–Friedberg, zwei Kilometer hinter dem Örtchen Herbstein. Auf dem Stein stand: »Hier fand die ZDF-Kindersendung Mischmasch den Mittelpunkt der Bundesrepublik Deutschland«. Daneben eine Holzbank und ein Holztisch.

Was noch? Ein Acker voller Zuckerrüben, eine traurige Hecke, ein paar Büsche, eine Ulme und eine leere Präservativpackung. Dem kleinen Wäldchen daneben ging es dreckig.

Ich verbrachte fast einen ganzen Tag an diesem Platz und grübelte. Mein Kopf war leer. Ich fand den Spruch »Aids, die zarteste Versuchung, seit es Angela gibt« in die Tischplatte eingeritzt. Es regnete, ich beobachtete, wie zwei Rehe aus dem Wäldchen kamen und ästen und wieder verschwanden. Als es dunkel wurde, fuhr ich weiter, richtungslos ins oberhessische Bergland hinein. Ich kam durch all diese Orte, in denen sie wohnen, diese deutschen Bürger. Ich wußte nicht, warum sie dort wohnten und seit wann. Eine Gesellschaft beschreiben! Ihr inneres Prinzip finden! Ihren Mittelpunkt! Vollkommener Wahnsinn.

Es war deutscher Herbst, es war neblig, und ich fuhr und fuhr, die Welt war wie ein langer Tunnel aus Eternitfassaden und Rückstrahlern an den Straßenrändern. Es muß etwa dreiundzwanzig Uhr gewesen sein, als ich ankam. Irgendwie stand ich plötzlich vor dem Bahnhof von Bebra, und irgendwo brannte noch Licht, was für diese Gegend ganz ungewöhnlich war. An einer Mauer, die von einer traurigen Funzel erleuchtet wurde, stand in Sütterlin-Schrift »Zonenreisende! Hier einkehren!« Mir fiel auf der Stelle Tarkowskijs »Stalker« ein. Das Hotel hieß ›Deutsches Haus‹, die Wirtin stellte gerade die Barhocker auf die altdeutsche Theke. Aber sie gab mir noch einen Schlüssel für ein Zimmer heraus, für 28 Mark mit Frühstück. Es war eine sehr deutsche Wirtin. Dazu die uralte Melange aus Bratkartoffeln, unendlich altem Zigarrenrauch, abgestandenem Bier und diesen grünen Steinen aus den Pissoirs.

Ich ging auf mein Zimmer. Es gab keinen Fernseher. Es gab kein Radio. Ich sah aus dem Fenster auf den Bahnhof und wußte: es ist hoffnungslos. Es war halb zwölf, die Stadt war tot, gestorben, beerdigt seit Jahren, seit Ewigkeiten. So sah ich mir lange, sehr lange dieses Bild an der Wand an. Es zeigte auf vergilbtem Illustriertenpapier einen Schäferhund, darunter stand *Grando von Bärendorf. Sieger im Zuchtwettbewerb 1953*. Ich legte mich auf das Bett, das sogleich wie ein Sack durchhing. Ich starrte auf die Lampe. Sie hing still, wie eingefroren, von der gelben Decke. Um die kahle Birne war ein goldener Doppelring wie ein Heiligenschein, er war mit einem orangeroten Streifen Plastik bespannt und mit einer Goldbordüre gesäumt. Vom Bahnhof kam eine Durchsage herübergeweht: *Es fährt durch der Nachtzug D 546 München-Hamburg.* Komisch, dachte ich noch, warum die mitten in der Nacht so etwas durchsagen, obwohl der Bahnsteig, auf dem der Zug sowieso nicht hält, völlig leer ist? Dann schlief ich ein.

Am nächsten Morgen erwachte ich in dem, was Carlos Castaneda einmal *andere Wirklichkeit* genannt hat.

Im Frühstücksraum ging es los. Als erstes blaffte mich ein kleines Schild an: *Im Himmel gibts kein Bier, drum trinken wir es hier.* Die Blumentapeten, von einer jahrzehntealten Patina bedeckt, trugen plötzlich die ganze Weltgeschichte in ihren scheußlichen Mustern, über meinem Kopf stieß ein Rudel Rehgeweihe seltsame spitze Schreie aus, und die gelbfleckigen Gardinen jammerten laut in ihren Ösen. »Ist Ihnen nicht gut?« fragte die Wirtin, die mir den Kaffee brachte, aber was hätte ich sagen sollen? Ich verließ überstürzt das Hotel. Aber es ging weiter. Zuallererst blieb ich vor einem Schaufenster hängen, das zu einer Fahrschule gehörte. Darin war ein Gestänge, das Modell einer Kupplung. Das Ding war aus massivem Metall, die Emaille blätterte schon ab, es rostete, und ich stand da wie hypnotisiert und staunte. Ich ging durch die Stadt. Ich sah die Melancholie der vergitterten Zigarettenautomaten, sah die Ruinen der Kaugummispender, die Imbißbude, die einsam und vernagelt am Marktplatz hockte und von Bratwürsten träumte. Besonders lange verbrachte ich vor dem Aushang eines Fotogeschäftes und sinnierte über Hermann, den Elektrolehrling mit der Brille, der am 10. Oktober in der St. Jakobi-Kirche Jasmin geheiratet hatte, Jasmin Schulze, eine rotwangige Metzgerstochter aus Bad Hersfeld, die einfach so präzise nach Metzgerstochter aussah, daß ich beinahe geschrien hätte. Ich stierte lange in die brüchigen Aushängekästen des Gesangsvereins Germania (»Das Motto des Jahres 1987 lautet: Üb immer Treu und Redlichkeit«). Ich verweilte vor Schaufenstern, in denen einsame Papp-Torsi über Gummiklistiere, Bruchkorsetts und elektrisch beheizbare Wärmekissen drapiert waren. Couchgarnituren mit Troddeln und Stühle mit Viskosebezug und seltsam gespreizten Beinen schliefen ihren Auslagenschlaf, dann wieder winkten mir aus einem Papierwarengeschäft fröhliche Meckifiguren entgegen wie Botschafter aus der Heimat, verstaubte Marzipanschweine empfingen mich mit ekstatisch-verzücktem Lächeln.

Es war Mitternacht, als ich mich wieder vor den leeren Auslagen eines geschlossenen Kinos wiederfand. Ich war ausgebrannt und glücklich. Ich wußte, ich hatte einen Kontinent entdeckt. Einen Kontinent, der noch völlig unberührt, wild und unerforscht vor uns liegt: den *bebraistischen Kontinent.*

Das Reich der Bebraistik* kennt keine Grenzen, es zieht sich quer durch das hindurch, was wir »Gesellschaft« nennen. Bebraistik kennt nur ein Prinzip: Abwesenheit. Abwesenheit von Stil. Abwesenheit von Schönheit. Abwesenheit von Gestaltung überhaupt.

Um zunächst die Ortslage zu klären: Warum nicht Leverkusen, Pinneberg, Duisburg-Dettelhausen oder Oggersheim? Was ist mit den unzähligen Vororten der Städte, mit den Städten selbst? Was soll diese Verachtung der Provinz? Und, so höre ich die Kritiker sagen, es geht ja wieder nur um irgendein Stilelement. Eine Oberfläche. Ein Outfit. Um den Kitsch, den Gartenzwerg, die Fünfziger-Jahre-Ästhetik. Wieder um einen Trend. Wieder ein Comeback. Um alten Käse also.

Doch das universelle Bebra, der bebraistische Stil, die Bebraistik, ist etwas anderes und fängt woanders an. Sie entstammt nicht den Reißbrettern von Designern, wie die Fünfziger-Jahre-Dinge. Sie ist völlig frei von stilistischen Korsetts, sie ist im Kern zutiefst anarchistisch. Das einzige Diktat, dem sie sich unterwirft, sind die Rhythmen der Plastikspritzmaschinen, der Fließbänder, der Baumärkte, der Rohstoffkosten – der universellen Billigkeit. Zum Beispiel:

Das bebraistische Haus. Man erkennt es besonders gut nachts an den chronisch heruntergelassenen Rolläden. Die Fassade des bebraistischen Hauses ist aus Rauhputz, Schieferimitat oder Eternit, sie erinnert immer an die bebraistische Ursubstanz, die schon fast ausgestorben ist: dc-fix. Ist das bebraistische Haus in einer geschlossenen Ortschaft, sind die Fenster stets asymmetrisch hineingesägt – niemals im goldenen Schnitt. Steht es jedoch außerhalb der Ortschaft, handelt es sich um ein Fertighaus oder eine Villa grausamster Stillosigkeit. Das Oberprinzip bebraistischer Architektur: verkleide jeden freien Millimeter mit Spanplatten, die du mit Lackfarbe anmalst (behelfsweise mit scheußlicher Plastikfolie bekleben

---

* Der Begriff »Bebraistik« ist von einer Gruppe visionärer Freaks bereits in den siebziger Jahren gefunden worden. Das »Institut für Seriositätswissenschaften«, ein loser Zusammenschluß von Typen, die Anfang der Siebziger bereits »Alltagsforschung« betrieben, gab um die Jahrzehntwende eine Zeitung heraus, die »Der Tod« hieß. Dort wird die Bebraistik zum ersten Mal erwähnt.

oder mit einer Rauhputzsorte verschönern). Klebe eine Garage an das Haus. Baue einen Erker wulstförmig in den Garten. Verwende gußeiserne Kandelaber, Kiesmischplatten, Koniferen, Glasbausteine, enorm verschnörkelte Schmiedeeisengitter, am besten mit dem eigenen Monogramm in Gold . . .

Die bebraistische Lampe. Sie ist besonders leicht zu erkennen. Stoffbespannte Exemplare gibt es wie Sand am Meer, mit katastrophalen Blümchenmustern bespannte weiße Spinndraht-UFOs. Die hochbebraistische Lampe besteht aus Rauchglaskugeln (mit und ohne Noppen), die an unterschiedlich langen Messingstangen in die Decke gedübelt sind. Sie verbreiten ein absolut ungemütliches Licht, man sieht durch das Rauchglas direkt in die nackten Glühbirnen, durch die Kugeln wird das Licht nur ekelhaft gelbbraun eingefärbt. Sehr beliebt ist auch ein Ring aus Neon über den grauen Resopalfassaden einer Küche, in billigen Hotels finden wir ebenfalls einen Klassiker: Spritzglas-Nachttischlampen mit orangenem Plastikfuß.

Das bebraistische Wohnzimmer. Ich möchte mich hier nicht weiter aufhalten: Es regiert die Troddel-Couchgarnitur, die raumerschlagende Eichenrüsterfurnierimitatschrankwand, der Plüsch, aber auch schlichtere Varianten, wie etwa – besonders schrill – das *Nappaledersofa.*

Das bebraistische Bad. Es hat einen Vollschutz aus Kacheln. Resedagrün oder Altrosa. Mit zarten, pinkfarbenen Möven darauf. Oder currygefleckt-rustikal-blumig. Vertreiber dieser Kacheln sind die Baumärkte, in denen Bäder sowieso nur »Naßzellen« sind.

Die bebraistische Tür. Sie ist das Sakrament, der Altar der Bebraistik. Ihr Milch- und Schmelzglas-Innenteil ist oft gelb und gekörnt, so daß die Bewohner dahinter wie Schemen erscheinen. Über das Schmelzglas ziehen sich imitatgoldene Rippen oder die Wehr eines gedrillten schwarzen Schmiedegitters mit goldenen Kreuznoppen. Die bebraistische Tür ist meist verzargt, vernutet und dreifach gesichert, und somit die säkularisierte Version eines Burgtores.

Nein, der bebraistische Stil ist nicht selten, er kommt uns geradezu in üppiger Verschwendung entgegen – und genau das ist der Grund, weshalb er uns nicht auffällt. 80, nein 85 Prozent aller deutschen Einfamilienhäuser sind Bebra pur. Ob Fertighaus oder Flachdachbunker, immer findet man dieselben Schmiedeeisengitter oder Reiterzäune, die scheußlichen Mattglastüren, den Norm-Briefkasten, den Norm-Rasen, die Gladiolen und die Hollywood-Schaukel »Monaco«.

Ist Bebraistik etwas spezifisch Deutsches? Zunächst ist sie international: Bebra gibt es in Hongkong, Wisconsin und Nebraska, es gibt spezielle französische, holländische und spanische Bebraistik, aber nirgendwo ist sie so klar, so fassadenhaft und so überspitzt wie in Deutschland. Wenn in Spanien ein Hausbesitzer arm ist, läßt er sein Haus würdig und mit Stil verschmuddeln, es bekommt die Patina der Erde, des Schmutzes und der Natur. In Deutschland jedoch wird ein Hausbesitzer sofort eine billige Mauerimitat-Folie aus dem Baumarkt kaufen und die Patina mit Sauberkeit überkleben. Bebra, das ist der Versuch, die Fassade zum allgegenwärtigen Prinzip zu machen, zum Stoff, aus dem die Träume sind.

Ist Bebraistik ein zeitloses Stilmittel? Auch das würde das Phänomen nicht fassen. Sicher gibt es Unterformen und Entartungen der Bebraistik, etwa das Gelsenkirchener Barock (eine Art früher Spezial-Bebra) oder Modernismen (Ikea-Bebra) oder auch »postmoderne« Formen in den weißen Bars, in denen bunte Neonlampen an der Wand hängen. Aber die Bebraistik ist in erster Linie ein ökonomisches Wirkungsprinzip, das aus der Dialektik zwischen *alles wollen* und *wenig Geld haben* entsteht – ohne den Ausweg einer würdigen Armut. Das macht sie so mächtig, so allgegenwärtig und so wichtig. Sicher ist wahr, daß die Bebraistik in den frühen sechziger Jahren einen Boom erlebte. Sie entsteht historisch immer dann, wenn Industrie- und Konsumgesellschaften entstehen, wenn die Mittelschicht explodiert und die untere Schicht endlich am Reichtum teilhaben will, wenn der große Drang der Massen nach allem übermächtig geworden ist und sich endlich realisiert – aber nur im Billigen, im Imitat. Nicht der tongebrannte Gartenzwerg ist Bebra (der ist nur spießbürgerlich), erst seine Kunstwerdung durch knallbunte trichlorierte Biphenyle, sprich seine Plastikvariante, macht ihn reif für den bebraistischen Kontinent.

Bebra ist also keine Orts-, keine Stil- und keine Geldfrage, sondern ein *Prinzip*. Das Prinzip der ewigen Provinz. Der Unterentwicklung mitten in der Überentwicklung. Nein, traurig ist Bebraistik nicht. Im Gegenteil, sie hat so etwas wie einen umstürzlerischen Beigeschmack. Warum? Weil sie nichts anderes ist als das Treibgut, das Sediment einer Gesellschaftsentwicklung, die man als geradezu revolutionär einschätzen muß: als Entwicklung von der Mangel- zur Konsumgesellschaft, von einer echten Klassengesellschaft zu einer Umverteilungsgesellschaft, in der der kleine Angestellte zwar kein Marmorbad kaufen, aber Marmor-dc-fix kleben kann. Nein, Bebraistik ist nicht an Parteien gebunden, aber ohne Sozialdemokratie kann sie nicht gedeihen. Ich meine nicht die Partei, ich meine den grundlegenden Gedanken, die *idée fixe*, daß *jeder* ein Gartentor, ein Einfamilienhaus, einen Kleinwagen, einen Springbrunnen, einen Supermarkt, eine Disco braucht. Bebraistik entsteht, wenn unsere Lebenswelt sich in einen einzigen, allumfassenden *Discount-Laden* verwandelt.

Kommen wir zum Bewohner des bebraistischen Kontinents, dem *Bebraisten*. Er fährt einen gebrauchten roten Kadett, wenn er Kinder hat, klebt »Baby an Bord« am Heck. Der Bebraist liest Bild, kauft bei Aldi, ist mit der Currywurst großgezogen worden, seine Kirche ist die Bausparkasse, seine Droge heißt Persil. Der Bebraist ist alterslos, das heißt, es kommt nicht darauf an, ob er zwanzig oder fünfzig ist. Wenn er seine Midlife-Crisis hat, rennt er nicht zum Psychotherapeuten wie alle Welt. Er wechselt einfach von Modern Talking zu James Last. Das wars.

Aber ist der Bebraist wirklich so, wie wir ihn uns vorstellen? Phantasielos, ohne Würde, der Massenmensch per exellence? Oder ist er nicht vielmehr so wie Anton F. Ich habe Anton F. am Tag meiner Ankunft hier kennengelernt, er ist Friseur, er hat ein bebraistisches Einfamilienhaus am Stadtrand, und eigentlich ist er längst pensioniert. Aber er macht weiter. Er trägt bei der Arbeit Kunstseiden-Kimonos und eine Weste aus Teddybären-Kunstpelz. Er hat seinen Salon vor sieben Jahren renoviert. Atemberaubend! Mit rosa Frisierhauben und Sesseln, deren Kissenbelag in rotem, hellblauem und braunem Plüsch mäandert, und mit einer Blumentapete an der Wand, in die sämtliche Mandalas des Bebraismus eingewebt sind. Wir redeten, als ich ihn besuchte, über die Politik, über die Russen, die schlimm seien, und die Atomkraftwerke, die auch schlimm seien, und die Volkszählung, die nötig sei. Das, was er über Asylanten sagte, möchte ich nicht weitererzählen.

Warum ich das erzähle? Nun, Anton bleibt in seinem Salon, obwohl er meistens leer ist. Er wird immer hier wohnen bleiben, zwischen Mehrzweckplatz und Handelsschule, da, wo die Rübenäcker anfangen. Genauso wie Herr R., der Kinobesitzer von Bebra, der wahrscheinlich ewig in seinem Kassenhäuschen sitzen wird. Gegen ihn sind die Filmvorführer in Wim Wenders »Im Lauf der Zeit« narzißtische Jammerlappen. Herr R. besitzt nicht nur ein Kino mit 420 Plätzen in Bebra, er hat auch noch ein Programmkino daraus gemacht. Er sitzt im Kassiererhäuschen, zwischen Kaffeeautomaten, alten Filmplakaten und Videospielen, und wartet auf Besucher. Eigenhändig schreibt er jeden Tag in die Aushängekästen der Stadt: ACHTUNG! NAME DER ROSE! ACHT UHR BEI MIR IM KINO!

Warum ich mich so eingehend mit diesem infarktuösen, würdelosen, unkreativen, reaktionären, verdrängenden Massenmenschen beschäftige, der mit seiner Konsumwut, seiner Gier auf Sülzwurst, Bier und Autobahnkilometer und mit seinem Eternit-Gehirn den Planeten in das verwandelt hat, was er ist: einen höchst unsicheren Ort? Nein, nicht weil ich Mitleid habe, weil ich zum hundersten Mal den Blick nach Ganz Unten senken möchte, damit es einem ordentlich elitär gruselt in der warmen, metropolitanen Eigentumswohnung mit Stuck an der Decke oder in der schnuckligen Schäferhütte, in der es sich auch recht komfortabel verächtlich sein läßt gegen den Rest der Welt.

Gut: Wir finden das stupide, dumm, langweilig, wir möchten so nicht leben. Das ist unser gutes Recht. Nur stimmen die Kriterien? Ist es nicht eher die Klasse der Leser zum Beispiel dieses Buches, die mit ihren Drei-Zimmer-Wohnungen, ihren Reisen nach Guadeloupe und Südamerika, ihrer rastlosen Mobilität die letzten Ressourcen des Planeten aufzehrt, die Ressourcen des Originären?

Man stelle sich vor, der Bebraist wäre wie wir. Wie bitte? Du kannst Dir das nicht vorstellen, lieber Leser? Vorsicht. Geh in Deine Küche. Sieh Dich genau um. Geh in Dein Wohnzimmer. Ist die Stehvase da hinten nicht Bebraistik pur? Und der Gummibaum? Der *Ficus pumila* ist auch ein Gummibaum, wenn auch ein kleinblättriger. Oh nein, so leicht kommst Du mir nicht davon. Jeder von uns hat in seinem Leben ein Stück dieser Redundanz entwickelt, aus der die Bebraistik gemacht ist. Jeder. Und nun stell Dir vor, der Bebraist wäre wie wir. Statt die Nachfrage nach Kunststoffen anzuheizen und damit einen eigenen, eben künstlichen Konsum-Kreislauf zu etablieren, würde er nur das Originäre akzeptieren. Statt des Freizeitparks, Phantasialand bei Köln, wo China in Hostalen nachgebildet ist, überschwemmte er China real, statt der

Resopalkommode nähme er nur Vollholz-Möbel, statt des Okal-Modells »Vorarlberg de luxe« bestünde er auf alten, echten Ritterburgen! Er äße keine Bratkartoffeln, sondern jeden Abend *filet mignon,* und statt der aus Resten gebackenen Kiesmischplatte läge tatsächlich nur Carrara-Marmor in seinem Garten. Sind nicht wir es, die sogenannten Nicht-Bebraisten, die mit ihrer Sucht nach dem reinen Stoff, nach Originalität das verzehren und besetzen, was diesen Planeten noch lebenswert macht? Ich vertraue uns nicht. Weder Dir noch mir. Ich habe schon zu viele Massivholzschränkchen heimlich verkauft, um Drahtgitterregale dafür zu erstehen, und zu oft weiße Tapeten bunt gestrichen, um sie ein paar Jahre später wieder weiß zu streichen. Ich habe zu viele Stile kommen und gehen sehen, als daß ich das Argument der »Stillosigkeit« des Bebraisten, die ja unsere eigene »Stilfestigkeit« bedingt, noch glauben könnte. Wer der Opportunist ist, ist keineswegs entschieden.

Könnte es also sein, daß der Bebraist, dieser stoische Maulwurf, der niemals den Konjunkturen folgt, sondern in Kegelbahnen investiert, wenn längst Bowling angesagt ist, der immer noch hartnäckig heiratet, auch wenn längst erwiesen ist, daß die Ehe nichts taugt – daß dieser antizyklische Maulwurf in Wirklichkeit der letzte Antikonformist ist? Daß er nicht deshalb so stillos ist, weil er keinen Stil *hat,* sondern deshalb, weil er ihn hartnäckig *verweigert*? Weil er weiß, daß die Espressomaschine, das tirami su, das italienische Jackett, der mattschwarze CD-Plattenspieler, der Volvo oder Saab, die Armani-Klamotten und auch die Hütte in den toskanischen Bergen morgen schon wieder Schnee von gestern ist? Daß sich die Mühe nicht lohnt, all das haben, besitzen zu wollen? Und es deshalb praktischer ist, das Billigste zu erstehen, das Massenhafteste?

So gesehen erschiene die bebraistische Stillosigkeit in einem anderen Licht. Die bebraistische Lampe, das Haus, die Garage, der Wohnzimmerschrank sind so etwas wie der Minimalkonsens der Dinge. Gleichsam ein ideeller Gesamtschrank, ein ideelles Gesamthaus, und sofort. Der Bebraist hat verstanden, daß dieser narzißtische Individualismus, dieses Gespenst der achtziger Jahre, eben nur ein Gespenst ist, er macht den ganzen Zirkus einfach nicht mit.

Und der Opportunismus des Bebraisten, seine Hörigkeit gegenüber den Autoritäten, seine offensichtliche Liebe zu Helmut Kohl, sie wäre nicht mies, opportunistisch, kriecherisch, sondern einfach ehrlich: Kohl ist so wie wir, sagt sich der Bebraist. Ziemlich dick, ziemlich peinlich, ziemlich dämlich. Sehr mächtig, aber auch wieder recht hilflos. Der Bebraist liest BILD womöglich gar nicht, weil er unmündig und verdummt ist. Sondern weil er genau weiß, daß alles purer Schwachsinn ist, was in dieser Zeitung steht, und weil es genau dieser Schwachsinn (»Nonne beißt Hund«) ist, der ihn unterhält und amüsiert. Ist es nicht am Ende besser, sich angesichts von Tschernobyl und Overkill zu amüsieren, anstatt immer die prophetische Zeigefinger-Geste zu machen?

Je genauer wir hinsehen, desto mehr verwandeln sich unsere Behauptungen in ihr Gegenteil. Du mußt Dich nur einmal im Spiegel sehen, wenn Du Deine Einmaligkeit anstarrst! Alles an Dir ist darauf ausgerichtet zu sagen: Seht ihr, ich bin anders. Aber geht es darum, ist es wirklich so wichtig, und vor allem: taugt es zur Identität? Was wären wir ohne den Bebraisten, diese Hornhaut der Sozialgeschichte, dieses Bindegewebe der Kultur? Wir wären nichts, denn es gäbe nichts, an dem wir uns orientieren könnten, niemanden, über den wir sagen könnten: so wie er wollen wir nicht sein. Wie blinde Lurche würden wir in unseren Spiegelkneipen, Toskana-Hütten und komplizierten Beziehungen sitzen, ohne zu wissen, was das alles bedeuten soll.

Nein, der Bebraist wird, anders als der rotfleckige Zitronenfalter, niemals aussterben. Für seinen kontinuierlichen Nachwuchs sorgen BILD, Bier und Bundeswehr. Zwar: aus der alten Leitfigur des Bebraismus, dem Mecki, ist heute Momo geworden. Aber Persil bleibt auch phosphatfrei Persil, und letztlich ist es egal, ob der Bebraismus sich aus Bier oder Hasch, Wolkenstores oder Hifi-Racks, Egerländer Musikanten oder Modern Talking speist. Es gibt noch Hoffnung, es gibt noch Kontinuität in unserer Gesellschaft, eine tragfähige Kultur, es gibt ein Amalgam, einen verläßlichen Klebstoff, der diese Gesellschaft daran hindert, auseinanderzuklappen wie Knirps-Regenschirme.

Beenden wir also unseren kleinen Ausflug mit einer bebraistischen Meditation. Summen wir die folgenden Begriffe langsam vor uns hin, wiegen wir unser Haupt ehrfurchtsvoll dabei und spüren, was sie für den Zusammenhalt dieser Gesellschaft bedeuten!

- Konfirmationsanzug
- Wolkenstore
- Druckluftkorkenzieher Marke »Semperit«
- Hostala-Türfurnier
- Tante Eleonore
- Blauer Bock
- Sansiveria
- Frohen Herzens genießen

Undsofort.

Epilog
Zeitgeistmaschine

»Das ist doch dieses kritische,
dieses Umwelt- und Natur-Geschwafel,
wie es diesem . . . diesem Zeitgeist entspricht!«

Helmut Kohl

»Der Zeitgeist liebt alles, was nach Plastik aussieht.«

Aus dem STERN

»Natürlich entspricht es einer simplifizierenden,
dem Zeitgeist opportunen Haltung,
hinter das Null gleich noch ein Doppel-Null zu setzen
und sich wild pazifistisch zu gebärden.«

FAZ

»Der Zeitgeist steht auf Krieg, Blut,
Schweiß und Tränen.«

TAZ

Lieber Karl, bist Du noch da? Oder hast Du Dich längst verabschiedet, um die Olivenbäume zu schneiden? Es müßte jetzt die Zeit sein, und ich sehe Dich jetzt vor mir, wie Du auf den knorrigen Stämmen herumturnst. Oder rennst Du den Ziegen hinterher? Hauen immer noch so viele ab? Oder werden von den Freaks gefressen, die unten am Strand von Valpollicella campen, wie letztes Jahr? Ich habe auch gehört, daß Ihr jetzt an einer Heizung baut. Habt Ihr das Material jetzt zusammen? Ich weiß ja, es ist schwer zu kriegen bei Euch unten, und wenn es sich um ein eher bescheidenes Teil handelt, das in meinen Diesel paßt, kann ich Euch auch gerne etwas mitbringen.

Werde bitte nicht ungeduldig. Ich verstehe ja, daß Du mit meinem letzten Bericht unzufrieden warst. Du wirst sagen: das ist ja Kasperei! Es kann doch wohl nicht angehen, am Ende irgendwelche Kleinbürger zu exotischen, liebenswerten Personen zu befördern. Zugegeben, mein Stück über die Bebraistik hat etwas von einer Glosse, aber eben nicht nur.

Du und ich, wir haben uns stets mit dem Dissens befaßt. Da kennen wir uns aus. Uns hat immer nur interssiert, wer wo und warum Widerstand leistet. Ob »etwas los war« in diesem Land, das haben wir an den Bauern in Wyhl oder an den Ford-Arbeitern gemessen. Ob wir uns wohl fühlten, das war immer von dem Gefühl abhängig, etwas »anderes« zu tun als das übliche. Ob sich etwas regte in dieser Republik, das sah man an den Aufmärschen auf der Straße, es ließ sich in Zehntausenderstellen berechnen (beim Demonstranten zählen), später auch in den Prozenten der Grünen. Wenn eine Weile nichts in den Zeitungen stand von Aktionen, Sitzblockaden von Richtern oder Protestresolutionen von Literaten, wenn keine Talkshows gesprengt und keine Universitäten besetzt, wenn Politiker nicht mit Tomaten beworfen wurden, begannen wir uns zu sorgen: Ist wieder alles einbetoniert in diesem Lande? Nähern wir uns wieder den ruhigen Zeiten? Uns faszinierte niemals Deutschland, sondern immer sein Gegenteil, das Andere, und es faszinierte uns nicht nur politisch, nein, diese Frontstellungen verästelten sich bis in unsere kleinsten Gefühlsregungen hinein. Anders wohnen, anders leben, anders arbeiten, ja, das war ein gutes Gefühl, ein gerechtes Gefühl. Man wußte, wohin man gehörte. Hier sind wir. Dort drüben, jenseits der Barrikade, lauert die Normalität.

Lieber Karl, ich fürchte, mit der Normalität ist das inzwischen so eine Sache. Sie hält dem genauen Blick nicht stand, und sie taugt folglich auch nicht mehr, um unser Anderssein, unsere Identität als Dissidenten zu garantieren. Die Revolution ist vorbei, wir haben gesiegt – diesen Satz, den Deine italienischen Nachbarn von der Landkommune in Umbrien schon vor mehr als zehn Jahren (eher ironisch) formulierten – heute gilt er tatsächlich.

Wenn Du heute durch die Straßen einer beliebigen deutschen Großstadt gehst, mit wirklich wachen Augen, was siehst Du zuerst? Neue Armut? Schicke Yuppies? Kalte Fassaden und »polierte Fressen«, wie Du es neulich ausdrücktest? Zerstörte, ausdruckslose, vom Kapitalismus ausgemergelte Gestalten? Disco-Kids, die mit sechzehn schon ihr Monatsgehalt in zwanzig Jahren auswendig kennen, deren Hirn nur noch die neuesten Klamottenmarken speichert? Wahnsinnige, die an der Zivilisation verzweifeln? Oder Gettobewohner, die sich ihren eigenen Kiez, ihre eigenen Terrains geschaffen haben? Haben die Spieß- und Kleinbürger wieder das in den Siebzigern verlorene Terrain zurückerobert? Wimmelt es von Neonazis, Neukonservativen? Ist das Zeitalter der neuen Zärtlichkeit angebrochen? Herrscht sie wieder mit eiserner Hand, die deutsche Normalität, der wir immer ein Stück mehr Lebendigkeit, Menschlichkeit entgegensetzen wollten?

Du findest all das, aber es gibt kein Gesamt-Bild mehr ab, es widerspricht sich dauernd. Das, was mich immer wieder an diesem Land erstaunt, ist seine offensichtliche Fähigkeit, sich zu verändern – und sich dabei doch nicht zu verändern. Seit dem großen Aufbruch Ende der Sechziger ist ungeheuer viel dazugekommen – und doch ist *alles immer noch da.* Du begegnest heute jungen Männern mit Bart und langen Haaren, die exakt so aussehen, sich so bewegen, so reden und denken wie wir vor, sagen wir, fünfzehn Jahren; sie halten Haschisch für das Wunderbarste, hören Frank Zappa, hassen Autorität und sind, irgendwie eben, *verfreakt.* Was einen nicht davon abhält, an der nächsten Ecke eine junge Frau zu treffen, die sich nichts sehnlicher wünscht, als von einem blassen, bebrillten Angestellten der Stadtwerke, der einen roten Ascona fährt, nach Venedig entführt zu werden, um dort zu heiraten. Auch die fünfziger Jahre sind in Wahrheit nie völlig verschwunden. Es wimmelt überall von Anachronismen, von *Zeitschleifen.* Gegenüber meiner Wohnung befindet sich eine nach Tabak stinkende Bierkneipe, in der dickbäuchige Herren mit Lederjacken und Schäferhunden verkehren, die verdächtig nach den faschistoiden Kleinbürgern aussehen, die vor mehr als zwanzig Jahren Benno Ohnesorg erschossen haben oder erschießen ließen, jedenfalls stets unsere erbitterten Feinde waren. Nun hat daneben ein *Kinderladen* aufgemacht. Ja, ein antiautoritärer Kinderladen. Und ich sehe jeden Dienstagabend, wie junge Frauen mit seltsam bitteren Gesichtern zwei junge Männer in abgewetzten Jeans und mit Wuschelhaaren, offenbar die »Bezugspersonen«, ermahnen. Die Kinder sind langhaarig und blond und frech und über und über verschmiert mit Schokolade und Fingerfarben – und das, obwohl Du und ich schon vor fünfzehn Jahren, als wir im Kinderladen in Frankfurt kündigten, wußten, daß das antiautoritäre Erziehungsmodell vorbei und passé ist. Die Kneipe und der Kinderladen, das geht heute problemlos zusammen.

Das Erstaunliche an dieser Gesellschaft ist also nicht, daß etwas völlig Neues, anderes passiert. Sondern daß alles immer mehr, immer differenzierter und variantenreicher wird: Ich weiß, daß es inzwischen, sagen wir, dreizehn verschiedene Modelle von antiautoritärer Erziehung gibt, daß ein Trend nicht einfach verschwindet, sondern sich einfach *multipliziert*. Die Archetypen der Siebziger – sie sind immer noch da, und ständig wachsen neue nach: Die Hippies und die LSD-Schlucker, die braven Studenten mit den Reisstrohmatten und den Matratzen auf dem Boden, die keifenden alten Damen am Fenster, die noch »Zone« sagen, die mit dem Motorrad vorbeidröhnenden Jungalkis und die schnöseligen, blassen Avantgardisten in den Bars, die strickenden Studentinnen und die wackeren Landfreaks, die Buddha-Fans und Vorstadt-Lolitas, die evangelischen Friedensfreunde und die Randalespezialisten. Sie werden immer vielfältiger, und die Outfits, Treffpunkte und Weltanschauungen blühen immer skurriler und verquerer. Was einmal, als Stilform, als soziale *Spezies* die schwankenden Planken dieser Gesellschaft betreten hat, geht nicht mehr vom Schiff. Egal, wie der jeweilige Trend gerade lautet.

Weißt Du, woran mich das erinnert? Diese Kontinuität? Diese Beharrlichkeit und Artenvielfalt? Diese ständige Veränderung bei gleichzeitigem Stillstand? An die Natur. An die Gesetzmäßigkeiten eines Ökosystems.

Wußtest Du, daß die Wahlergebnisse der Bundesrepublik seit dem Zweiten Weltkrieg um maximal sechs Prozent differieren? Daß es zwischen »Bürgerblock« und »linkem Block« immer nur Schwankungen um diese Prozentzahl gibt, nie aber das, was man »Erdrutsch« nennt? Nun gut, man mag die Kommunisten, die wir bis Mitte der Sechziger dem linken Block zurechnen, nicht mit den Grünen vergleichen, und das Zentrum, das es bis weit in die Fünfziger noch gab, ist endgültig in der Union aufgegangen. Aber *summa summarum* halten sich linke und rechte Stimmungen, progressive und konservative, sozialstaatliche und wirtschaftsorientierte Strömungen immer einigermaßen die Waage. Mal siegen die einen, mal siegen die anderen, aber besonders zum Ende dieses Jahrzehnts zittert das Zünglein genau auf der Mitte – kannst Du Dich noch an die legendären Hessenwahlen erinnern, bei denen 1200 Stimmen den Ausschlag gaben? Und wäre es nicht möglich, daß man noch andere »Achsen« in dieses Balance-System einbeziehen könnte? Etwa den Widerstreit zwischen »individuellen« und »kollektiven« Tendenzen, zwischen »Kälte-« und »Wärme-Kulturen«, »Widerstand« und »Etablierung«, zwischen hedonistischen und asketischen, aufklärerischen und neo-religiösen Trends?

Gehen wir einen Schritt weiter: Was wäre, wenn Du und ich,

wenn die Dissidenten und Revoltierer, nie etwas anderes als ein notwendiger Teil dieses Systems waren und sind? Oder fangen wir noch eine Stufe vorher an: Hast Du nicht auch manchmal das Gefühl, daß Du, wenn es Dir gutgeht, anderen das Glück gleichsam »abzapfst«, als sei nur eine bestimmte Menge Glück vorhanden? Daß die düsteren Gefilde Kreuzbergs magisch verbunden sind mit den Villenvierteln der Republik? Und daß es zwangsläufig mehr Freaks, mehr Marginalisierte, mehr Wohnungseinbrüche geben muß, wenn der Reichtum dieser Gesellschaft sich vergrößert?

Es ist ein Grundgesetz jedes lebendigen Ökosystems, daß es möglichst viele, möglichst differenzierte Spezies hervorzubringen versucht, um auf veränderte Umstände variabel zu reagieren. Monokulturen sind tödlich. Aber genau aus einer solchen Monokultur stammen wir. Und unsere Aufgabe war es, sie aufzulösen.

Nimm unsere Kindheit im Wirtschaftswunder. Nicht, daß wir tatsächlich in einer monolithischen, geschlossenen Gesellschaft aufgewachsen wären, aber im Vergleich zur Vielfalt unserer heutigen Kultur hatten wir es damals mit einem Zuckerrübenfeld riesigen Ausmaßes zu tun. Mit einer hegemonialen, gleichgeschalteten Mehrheits-Kultur, in der sich einige stille, heimliche und meistens verzweifelte Minderheiten versteckten. Heute kann selbst meine Mutter das Wort »schwul« aussprechen, aber damals? Ein monolithisches Wertsystem, kaum öffentliche Räume.

Seit zwanzig Jahren nun hat das »gesellschaftliche Ökosystem« große Mengen mutationsfähiger Spezies hervorgebracht. Die Subkulturen und Sub-Subkulturen, das ganze Panoptikum vom Landfreak bis zum Turnschuhmanager. Aber es hat dies *nicht* getan, um sich zu *ändern*, sondern um *stabiler* zu werden. Mehr noch: Es hat Utopien, Revolten und Radikalismen nur deshalb hochkochen lassen, um große Brüche und Radikalprogramme oder radikale Umverteilungen *ein für allemal zu verhindern*!

Spätestens an dieser Stelle sehe ich Deine gerunzelte Stirn, und obwohl Du ein zweifelnder Mensch bist, murmelst Du: Diese Gesellschaft wird sich aber radikal ändern *müssen*, um nicht unterzugehen. Ich möchte diesen Einwand vorerst übergehen und den Mechanismus näher ergründen, der heute inmitten des »Gesellschafts-Ökosystems« wirkt. Es ist – die *Zeitgeistmaschine*.

Die *Zeitgeistmaschine* ist nichts anderes als das Werkzeug, der zentrale Generator des Gesellschafts-Organismus. Ihr Wirken ist unsichtbar, aber gründlich. Sie funktioniert furchtbar einfach. Nämlich schlicht dialektisch. Sie hat nur ein einziges Prinzip: *Erzeuge von jedem Trend das Gegenteil.*

Kannst Du Dich erinnern, als wir Mitte der siebziger Jahre das Gefühl hatten, die Bewegung aus Linken, Spontis und Alternativen würde immer größer, breiter und stärker werden – und geriete gerade dadurch in Gefahr, ihren Charakter als unterdrückte Subkultur zu verlieren? Wie wir damals schon düster ahnten, daß irgendwann ein gegenläufiger Trend entstehen müsse, eine Revolte gegen unsere Revolte. Prompt kamen noch auf ›unserer‹ Seite der Barrikade, aber schon den Kern unserer gesellschaftlichen Harmonievorstellungen attackierend, die Punker. Im Gegenzug entstanden die Popper, die Neonkulte, die »Anpassungs-Revolten«.

Es gibt kaum etwas, an dem die *Zeitgeistmaschine* nicht ihre gnadenlose Wirksamkeit bewiesen hätte. Etwa:

- Computer erzeugen Hacker.
- Die Ausbreitung der Alternativbewegung erzeugt die Neonkälte und den Jugendkarrierismus.
- Die Neonkälte und der Jugendkarrierismus erzeugen New Age.
- Die Medienflut erzeugt die Rückkehr zum Buch.
- Der grassierende Individualismus erzeugt neue Sekten.
- Die Politisierung des Alltagslebens erzeugt die politische Apathie.
- Die Katastrophenangst erzeugt neue Lebenslust.
- Der Problemismus erzeugt die neuen Ja-Sager.
- Die sexuelle Befreiung erzeugt die neue Keuschheit und die neue Treue.

Undsofort.

Es tut nichts zur Sache, daß es sich bei diesen »Trendmeldungen« meist um Findungen und Begrifflichkeiten der Medien handelt. Die Medien können viel, aber sie können nur reagieren auf das, was IST. Am leichtesten ist die Funktionsweise der *Zeitgeistmaschine* an den Jugendkulturen zu studieren: Hier hat, mit größter Folgerichtigkeit, jede auftauchende ›Kultur‹ sofort ihr Gegenteil erzeugt. Verkürzt: Kaum liefen mehr als fünf Prozent schwarz herum, kamen die Weißen. Kaum war die Neonkälte durchgesetzt, begann New Age. Kaum rannten alle Leute der Karriere hinterher, begann schon wieder eine neue Bescheidenheit. Kaum gibt es wieder eine neue Frömmigkeit, bekommen die Teufelssekten Zulauf. Im Reich der Subkulturen hat sich die »Erbfolge« immer rascher beschleunigt – um gegen Ende des Jahrzehnts endgültig ein wildes Konglomerat der Stile und Moden zu produzieren.

Die *Zeitgeistmaschine*, jenes unsichtbare Riesenrad der achtziger Jahre, hat all die schnellen Moden, aber eben auch eine unübersehbare Vielfalt geschaffen. Und mit dieser Vielfalt schützt sich das gesellschaftliche Ökosystem. Es wird unüberwindbar. Es wird immer stabiler. Und es wird gleichzeitig unbeweglicher, denn es integriert jede Revolte und macht sie zu einem Baustein des Ganzen (die Autonomen etwa gehören heute zum festen Interieur der Mediengesellschaft). Ich bin sicher: Sobald das System ernsthaft bedroht ist, sei es von außen oder von innen, wird es einen Ausgleich »emanieren«. Sollen wir darunter leiden? Uns beschweren? Wir tun es ja längst. Zu Recht. Denn die *Zeitgeistmaschine* hat uns unsere Lebensaufgabe weggenommen. Daß heute jeder Etablierte kritisch ist, und selbst der Bürger von nebenan ›die da oben‹ nicht mag, kommt uns mehr als verdächtig vor.

Diese Gesellschaft braucht keine linken Moralwächter mehr. Die Positionen der Kritik sind bestens ausgebaut, die moralischen Kontrollorgane funktionieren fast immer erwartungsgemäß, die *Selbstveränderungsfähigkeit* dieser Gesellschaft ist längst realisiert. Sie weiß sich selbst zu helfen. Sie wird jede »Wende« schlucken, als wäre nichts gewesen, die linke Wende ebenso wie die rechte. Sie ändert sich nicht, jedenfalls nicht im Kern. Sie braucht uns nicht als Moralapostel.

Und hier, lieber Karl, liegt die Ursache des Zorns auf den *Zeitgeist – unseres* Zorns und des Zorns von Herrn Kohl. Die Zeitgeistmaschine, diese miese, unsichtbare dialektische Ratte, hat sich zwischen unsere Wünsche und die gesellschaftliche Realität geschoben und betreibt dort unermüdlich ihre dialektischen Pirouetten.

Zeitgeist – das ist das, was uns allesamt daran hindert, *ernst zu machen* mit unseren authentischen, tiefempfundenen, großartigen Gesellschafts-Utopien und Harmonie-Visionen, das ist es auch, was Herrn Kohl daran hindert, »sein« Land in eine Eichenvitrine mit eingebautem Glockenspiel zu verwandeln, in ein Land, in dem Bier getrunken wird und wo es einem richtig gutgeht. Derselbe Zeitgeist verhindert aber auch, daß sich diese Republik in einen moralinsauren Bio-Schrebergarten verwandelt, in dem die Armen endlich nicht mehr nur arm, sondern auch kuschelig von der Nachbarschaft versorgt werden. Der Zeitgeist, das ist jener immerwährende Profanisierungstrick, der aus hehren Absichten wurschtige Sprüche, aus tiefempfundenen Utopien Karikaturen und aus Idealen platte Moden macht.

Egal was du anfängst, wie ernst und hehr und authentisch du es meinst, in welches Zirkeln du deine *message* pflegst – die Zeitgeistmaschine entkleidet es seines Sinngehaltes und gibt es der Lächerlichkeit preis. Sie macht aus jedem Gefühl eine Klamottenmarke und aus jedem Existentialismus eine Pop-Gruppe und destilliert aus Lebenswerten einer Generation das Image einer Zigarettenmarke

Ein grauenhaftes Monstrum, ein schwarzes Loch der Kulturgeschichte. Und doch, wenn ich diese Maschine manchmal aus größerer Distanz betrachte, kann ich ihr auch gute Seiten abgewinnen. Sympathische Seiten. Manchmal will mir scheinen, als ob dieser allgegenwärtige Profanisierungselefant auch eine ehrliche Haut ist, weil er uns hohnlachend darauf hinweist, daß hinter jeder Emphase am Ende nur eine Attitüde steckt. Oder willst Du behaupten, unsere utopischen Weltgemälde aus den siebziger Jahren, unsere Revolutionsschlachtengemälde und die Alternativkuschelutopie seien Modelle gewesen, die man *unbedingt* im Maßstab 1 : 1 hätte nachbauen müssen?

Nein, lieber Karl, im Wirken des Zeitgeistes liegt auch etwas Beruhigendes. Wenn ich sie mir so ansehe, die Geschlagenen der Emanzipationskämpfe, die nachdenklich gewordenen Ritter von der revolutionären Gestalt, dann wünsche ich mir manchmal, wir hätten diese weltbildzerbröselnde Maschine schon in den Siebzigern gehabt. Aber damals war alles »authentisch« – und das war nun wirklich noch ein echter, gleichschaltender Zeitgeist. Um das Authentische zu erfahren, mußte man hart rackern, mit Politik und Diskussion und Sex und Drogen und Rock'n Roll, und manchmal mit der Knarre. Dieser deutsche Ernst, diese deutsche Verbissenheit beim Kampf um die wahren Ideen! Die achtziger Jahre haben das weitgehend diskreditiert. Und genau das ist es, was ich an diesem Jahrzehnt mag. Seine Ironie. Seine Nicht-Ernstfallhaftigkeit. Seinen Mut zur Simulation. Zur Verfremdung. Zum grundsätzlichen Zweifel. Zum Possenspiel.

Bleibt uns ein historisches Projekt, das wir begonnen haben, das besonders unsere Generation und die »alten« Achtundsechziger zu verantworten haben. Ein Projekt, das, mit aller Bescheidenheit angemerkt, wirklich revolutionär ist.

Ich meine das Projekt der Selbstfindung. Du kannst es auch *Lebensmachbarkeit* nennen, oder *Schicksalsabwesenheit*. Lieber Karl, verzeih, daß ich jetzt pathetisch werde. Ich behaupte, daß unsere Generation einen Prozeß in Gang gesetzt hat, der nie mehr zu stoppen ist und der ins Unheil führen kann oder in eine halbwegs lebenswerte Gesellschaft. Es ist wie ein Mutationsprung, aber ganz ohne Mystik oder Biologistik: Wir haben ein neues Instrumentarium entwickelt und »massenreif« gemacht, ein Instrumentarium der Selbstbetrachtung, der Reflektion, der biographischen Beweglichkeit. So gut wie alle Normen, historisch gewachsenen Sozialformen, Einbindungen in Traditionen haben wir in Frage gestellt. Wir haben uns – und dieser Gesellschaft – eine scheinbar einfache, in Wirklichkeit aber ungeheuerliche Aufgabe gestellt: Das Schicksal abzuschaffen.

Das Schicksal abschaffen – weißt Du, was das heißt? Welche Freiheit sich darin ausdrückt, daß Du die Zivilisation fliehst und das einfache Leben suchst? Wissen wir überhaupt noch, wie historisch neu es ist, daß wir heute über unsere Berufe und Probleme, unsere Liebschaften und Lebenswege diskutieren, Fragen stellen, Korrekturen anbringen können?

Ichverfügbarkeit, Machbarkeit des eigenen Lebens – das heißt aber auch: sich ständig entscheiden zu müssen. Das heißt Unsicherheit, Zweifel, oft Haltlosigkeit. Wie oft haben wir schon darüber nachgedacht, ob nicht der eine oder andere unserer Freunde besser in einer stabilen Kulturregion und in den klaren Normen einer Familie aufgehoben wäre, weil er sich in der freien Wildnis der Emanzipationsprozesse allzusehr überfordert hat. Emanzipation, Ichfindung, Ichverfügbarkeit machen einsam. Die Gefahr des Scheiterns ist groß. Nicht wenige dieser Generation haben sich überschätzt, sich in den Drogenrausch verrannt, sind Zyniker geworden oder Opportunisten.

Wir sind nicht Pioniere einer anderen Lebensform oder einer anderen Gesellschaft – wir sind es niemals gewesen. Aber wir sind die »Pioniere unseres Selbst«, und dieses Pionier-Dasein ist nicht an Orte, Stile, Verhaltensnormen und »Bewegungen« gebunden. Wir sind Teilhaber an dem fragilen historischen Projekt »Individualisierung«, diejenigen, die die Mechanik der Selbstveränderung erproben müssen, die feinen Mechanismen, mit denen man jenseits von Glaube, Konfession, Schrankwand und Erbfolge überlebt. Diejenigen, die dem Projekt eine Sprache, ein Konzept geben müssen. Meinetwegen eine »Syntax der Emanzipation«.

Lieber Karl, die »Gesellschaft« oder die »politischen Verhältnisse« können uns in den Achtzigern nicht mehr daran hindern, dieses Projekt fortzusetzen. Sie funktionieren nicht mehr als Ausrede. Jetzt, wo ich am Ende meiner Reise angelangt bin, kommt es mir vor, als hätte ich nur Selbstverständlichkeiten bereist und beschrieben: Die Bundesrepublik, dieses komische Konglomerat aus Kühlschränken, Verdrängung und geistiger Öde, wie wir sie vor zwanzig Jahren vorfanden – sie existiert nicht mehr. Es existiert allerdings auch kein schriller Jahrmarkt der Perversionen, wie es vielleicht in manchen Abschnitten meiner Reise schien. Die Bundesrepublik, dieses schwierige Land, hat sich in den achtziger Jahren vielleicht nur *normalisiert*. Sie hat sich in ein undurchsichtiges Konglomerat aus widerstreitenden Wünschen, Tendenzen, Verrücktheiten und Widersprüchen verwandelt. Sie hat sich, scheint mir, europäisiert, ist jetzt erst wirklich unfähig geworden, sich zu formieren und gleichzuschalten. (Die Vision eines ›Neuen Faschismus‹ sagt eher etwas über die Paranoia seiner Beschwörer als über die gesellschaftliche Realität.)

Nein, Karl, versteh mich nicht wieder falsch – ich möchte Dich nicht nötigen zurückzukommen (ich bin froh, daß ich im Süden einen Stützpunkt habe, und die deutschen Städte können sehr häßlich sein, besonders im Herbst). Aber Dein geliebtes italienisches Chaos gibt es inzwischen längst auch hier, auch wenn man es nicht auf den ersten Blick sieht. Auch die Weltbilder sind heute weniger poliert, die Seelen weniger sauber. Ja, Karl, es macht mich wach, in dieser verqueren Gesellschaft zu leben, in der es keinen Ausweg und keine Lösung, aber eben sicher auch keine Endlösung mehr gibt. Ich bin fest entschlossen, das Durcheinander dieses Jahrzehnts noch eine Weile zu genießen. Es wird von alleine weichen, denn gegen Ende des Jahrtausends, in den neunziger Jahren, erwarten uns wohl wieder die großen Mythen und gewaltigen Weltbilder, wie immer am Ende von Jahrtausenden.

Vielleicht hast Du recht mit Deinem grimmigen Vorwurf, ich wolle wohl nur »meine Etablierung legitimieren« oder »meinen Alterungsprozeß vertuschen«. Aber ich kann nicht mehr den radikalen Hanswurst spielen, selbst wenn ich es wollte. Nur: es ist nicht *gegen*, sondern *wegen* unserer gemeinsamen Tradition – der linken Radikalität –, daß wir manche Dinge zu Ende denken müssen – vielleicht bis zur Selbsteinsicht, daß unsere Generation immer auch eine enorm deutsche Generation war (und ist), die, je mehr sie revoltierte, desto mehr in den Netzen der deutschen Gründlichkeit zappelte.

Nein, Karl, daß »der Wende-Zeitgeist das Land, aus dem ich komme, endgültig versaut hat«, wie Du schreibst, halte ich – Verzeihung – für eine dieser frommen, linken Lebenslügen. Die Rechten, wenn sie denn etwas versaut haben, konnten immer nur von unseren Defiziten, unserer Ignoranz, unserer Blauäugigkeit schmarotzen. Wenn wir uns nicht um die »Folgekosten« der Emanzipation kümmern, wird es eben Frau Süssmuth tun. Wenn wir es nicht schaffen, die Probleme, die durch die existentialistischen Aufbrüche der Siebziger entstanden sind, in den Griff zu kriegen, wird Herr Geißler einspringen. Wenn wir so borniert sind, daß wir den Dilletantismus zur Voraussetzung unserer Lebensart machen, werden die Profis ins andere politische Lager abwandern, und wenn die Kultur unserer Generation ideologisch keine Kinder zuläßt, sind die Mütter gut beraten, zu den Rechten zu wechseln. DAS, lieber Karl, verstehe ich unter Radikalität: Daß wir uns auf die eigene Nase schauen, statt die Verhältnisse zu bejammern. Mit »Frieden-mit-der-Gesellschaft-machen« hat das nichts zu tun, um den Dissens braucht man sich nicht zu sorgen, für den sorgen schon die Millionen von Arschlöchern, Deppen und Ignoranten in diesem Land.

Gleichwohl überkommt mich manchmal die betörende Versuchung, einfach ein kleines, verräterisches Loblied auf dieses Scheißland zu singen. Etwa auf die banale Tatsache, daß es hierzulande Autoreparaturwerkstätten gibt, die meinen brummenden, energiesparenden und umweltschonenden Diesel anständig reparierten, und die mir nicht so vorkamen wie Kasernenhöfe, sondern einfach wie gut und engagiert betriebene Werkstätten. Etwa, daß dieses wilde Achtziger-Jahre-Durcheinander uns gute Restaurants beschert hat, in denen nicht nur Dummköpfe, sondern auch ein paar sympathische Menschen verkehren – einfach deshalb, weil inzwischen auch Manager Grips, Intelligenz, Verantwortung und Humor haben können, und weil Art-Direktoren und Redakteure,

Models und Verleger, Schulräte und Versicherungs-Angestellte – kurz, die ganze schweinische *upper class* durchaus zivilisierte Leute mit Grips hervorgebracht hat. Es gibt in diesem Land Supermärkte, in denen es sich vortrefflich einkaufen läßt, und Züge, die wunderbar gleiten können, und auch das ist es, was ich mag – wenn es draußen regnet, mit dem Intercity durch das mittelhessische Bergland zu fahren, durch den Bahnhof von Bebra hindurch. Dieses Land mag, wie viele behaupten, von den matt leuchtenden Digitalziffern der teuren Autoradios erhellt sein und von Computermonitoren regiert – ich glaube das alles nicht mehr. Ich fühle mich – meine letzte Ketzerei in diesem Buch – wohl hier.

Ich weiß es nicht, lieber Karl, vielleicht gibt es wirklich diese milde, freundliche Form der Abstumpfung, die ich mir vorwerfen müßte. Vielleicht ist es aber auch ein gewisser Trotz, der sich gegen den ewigen Trotz unserer Generation bildet. Der Fluch ist doch, daß man dieses Land entweder lieben oder hassen muß. Wir sind bislang aus diesem deutschen Kreislauf nicht herausgekommen.

Du glaubst es nicht? Mach einen einfachen Test. Komm nach Deutschland. Veranstalte mit ganz vernünftigen, normalen, undogmatischen und differenziert denkenden jungen Deutschen einen gemütlichen Fernsehabend – um elf kommen bisweilen ganz hervorragende Filme in der Glotze, vor allem, wenn man Kabelfernsehen hat. Warte bis zum Ende. Halte die Fernsteuerung fest in der Hand. Und wenn zum Sendeschluß zu einer wehenden bundesdeutschen Fahne die Nationalhymne gespielt wird, mach ein kleines bißchen lauter. Sage in den aufkommenden Protest hinein mit großen, unschuldigen Augen: »Wieso. Ist doch eine schöne Melodie!«

Du wirst staunen, mit welch affenartiger Geschwindigkeit sich das Gerücht verbreitet, es handele sich bei Dir um einen hoffnungslosen Nationalisten, einen finsteren Reaktionär. Du wirst erleben, daß wir dieses Land immer noch nicht überwunden haben. Nicht wirklich. Und das ist wohl gut so.